# GEORGE G. RITCHIE

# REGRESO DEL FUTURO

## UN PSIQUIATRA DESCRIBE
## SU PROPIA EXPERIENCIA
## EN EL OTRO LADO DE LA MUERTE

Prólogo del Dr. Raymond A. Moody

Editorial Rudolf Steiner
Calle Virgen de Nieva nº 1 - 1ºI
28003 Madrid
www.editorialrudolfsteiner.com
Telf. 91 553 14 81

**Título original:** *Return from tomorrow*

**Traducción, revisión y corrección:** Equipo de la Editorial

© 2024 Editorial Rudolf Steiner

ISBN: 978-84-18919-28-2

Depósito legal: M-11958-2024

Imprenta: MyC Impresión
Preimpresión: Montytexto

# Prólogo

Si analizamos la historia de la filosofía y su desarrollo como manera de pensar del hombre, bien podríamos definirlo como una obsesión en torno al fenómeno de la muerte. La muerte ha sido siempre uno de los temas más inquietantes y más profundos entre los pensadores. No es de extrañar, pues que, a mis veintiún años, recién licenciado en filosofía, me interesara por un caso acaecido en aquel entonces; era el año 1965 cuando me enteré de un hombre que había sido declarado clínicamente "muerto", y durante aquel corto período de tiempo tuvo una increíble experiencia que contó al volver a "vivir". Además, revestía especial importancia para mí, al tratarse de un reputado médico –por aquel tiempo un psiquiatra con una experiencia profesional de catorce años, como doctor residente en un hospital– que estaba dispuesto a compartir su experiencia con otros colegas. Tan pronto tuve oportunidad de hacerlo me puse en contacto personal con él deseando oírlo y hablarle. Quedé profundamente impresionado y enriquecido mentalmente después de aquella entrevista. Más tarde, habiendo oído a otras personas con similares experiencias, comencé en serio una investigación sobre estos fenómenos relacionados con la muerte clínica.

El nombre del médico psiquiatra mencionado es George Ritchie, quien acaba de publicar su experiencia en este libro; este relato es uno entre los tres o cuatro casos más fantásticos y mejor documentados de personas que han experimentado la "muerte" entre todos los analizados por mí. Aunque el Dr. Ritchie lo presente como caso monográfico, su historia experimental es sorprendente; incluso al compararlo con otros cientos de casos de otras tantas personas que han tenido estas citas con la "muerte" y han revivido para poder contarlas personalmente.

La pregunta para muchos continúa siendo un misterio: "¿Estuvo George Ritchie, así como tantos otros que han pasado por similares experiencias, realmente muerto?" Queda por sentado que si definimos la muerte –como parece razonable y racional– como el estado del cuerpo humano en el que el restablecimiento de sus funciones es imposible, entonces, por definición, ninguna de esas personas ha estado muertas. Sin embargo, en el sentido clínico de la palabra, toda la problemática sobre los criterios últimos para diagnosticar la muerte, han quedado en el aire en la actualidad, muy indefinidos en el terreno de la medicina profesional en sí. Personalmente, opino que cualquiera que haya sido el estado por el que hayan pasado los que realmente han muerto, el Dr. Ritchie y los demás casos similares en la mayoría de los individuos analizados por mí, han experimentado unas sensaciones que muy pocos seres humanos podríamos explicar. Solamente por esta razón estoy muy interesado en escuchar lo que ellos tienen que contarnos a los demás.

Otra clase de pregunta que frecuentemente se hacen muchos con respecto a ese tipo de experiencias es qué efecto ha producido en la vida de quienes la han tenido. Como se verá claramente en el transcurso de la lectura de este libro, es obvio que en el caso del Dr. Ritchie ha tenido un enorme –en realidad fundamental– efecto sobre el resto de su existencia; solamente quienes lo conocemos como amigo podemos apreciar realmente su profunda amabilidad, su comprensión y su interés hacia el prójimo que caracterizan a ese hombre tan destacado entre los demás.

Con estas breves observaciones, termino mi introducción y presentación a los lectores de mi amigo George. Confío que, por medio de este libro, llegarán a conocerlo y apreciarlo como lo han hecho mis familiares y yo mismo.

*Dr. Raymond A. Moody, Jr.*
Autor de "Vida después de la vida"

# I

Llegué a mi despacho temprano, como normalmente acostumbro, para tener algunos minutos de recogimiento antes de recibir a mi primer paciente. Di una ojeada a mi tranquilo departamento suavemente iluminado: el despacho, las sillas tan confortables, el sofá amarillo situado enfrente de la ventana. Me sentía muy satisfecho de mi profesión con el ejercicio de la psiquiatría. Durante trece años había trabajado como médico especialista y a menudo me sentía como si estuviera tratando solamente una parte del individuo, dedicando mis energías a los síntomas de las enfermedades más que a la enfermedad en sí. En el Memorial Hospital de Richmond, Virginia, donde había trabajado, como en cualquier otro de los grandes hospitales modernos, no había tiempo material para llegar a conocer a mis pacientes como personas. Ninguna oportunidad de escuchar las inquietudes que siempre tiene un enfermo a causa de una situación angustiosa y que no tiene oportunidad de exteriorizar durante el breve tiempo de la consulta rutinaria.

Por esta razón, cuando ya tenía cuarenta años, decidí volver a la universidad para ampliar estudios. No fue fácil para mí pedirle a mi esposa que abandonásemos Richmond para trasladarnos a Charlottesville, desarraigar a nuestros hijos de sus colegios y dejar mi cargo de presidente en la Academia de Medicina General, para regresar a un régimen de internado a fin de continuar estudios durante uno o dos años más. Ahora, después de doce años de haber tomado aquella decisión, me he alegrado muchas veces de haberlo hecho y nunca tanto como aquella tranquila mañana cuando me disponía a comenzar las tareas de un nuevo día de trabajo.

Examiné el bloc de consulta sobre mi escritorio y eché un vistazo a las visitas que tenía para el día. Mildred Brow, Peter Jones, Jane Martin[1]. Detuve mi índice ahí.

Mi primera cita de la tarde era con Fred Owen. Me había olvidado que ayer abandonó el Hospital Clínico de la Universidad. La semana anterior recibí un informe telefónico de su médico: carcinoma de pulmón con metástasis de cerebro; de hecho, ya lo había diagnosticado yo de antemano. Fred se estaba muriendo de cáncer pulmonar. En septiembre ya detecté algunos síntomas, cinco meses antes de que mi colega lo confirmara, cuando por primera vez vino enfermo a mi visita acosado de una severa depresión. La depresión, una tos dolorosa, un cigarrillo detrás de otro durante las visitas, me alertaron y yo mismo le recomendé una revisión a fondo en el Hospital Clínico de la Universidad de Virginia, aquí en Charlottesville.

Sin embargo, Fred no siguió mis recomendaciones. Hace tres semanas, al sentirse con nuevas molestias, le hice una cuidadosa revisión en mi consultorio. No tenía el equipo adecuado para un reconocimiento a fondo, pero por medio del estetoscopio escuché lo suficiente. Desde entonces ha estado asistiendo al Hospital Clínico para una serie de pruebas y consultas. Pero todo ello ha sido más por consideración a Fred que por falta de seguridad de mi parte. Ahora, a

---

[1] Los nombres de los pacientes han sido cambiados para guardar la privacidad.

la una de la tarde, él tenía hora para la visita. ¿Cómo podría ayudarle ante el inminente y tremendo hecho de su propio fin? La enfermedad había avanzado enormemente durante los últimos días que frecuentaba mi consulta, pero aún quedaba un largo y triste camino por recorrer. Tiempo es lo que él necesitaba de una manera desesperada y el tiempo que le quedaba era relativamente corto.

Además, este cáncer sin operación posible que lo estaba matando –cuando tenía escasamente cuarenta años– aparecía ante sí mismo como la negación de todos los progresos que había logrado hasta aquel momento. Para él representaría la demostración de la causa de su neurosis expresada por él mismo con aquella tesis: el mundo y cada una de las personas en él han conspirado contra mí desde que nací. La tragedia era que no estaba del todo equivocado. Desde una madre que lo despreció, pasando por una serie de inestables hogares ajenos, hasta una sucesión de patrones que lo explotaron y un matrimonio desastroso; no había conocido más que relaciones humanas de mal gusto que precipitaron su estado de salud hacia la enfermedad. Nuestro propósito había sido ayudarlo a desarrollarse en nuevos ambientes para recuperar su energía física y corregir sus desarreglos somáticos y físicos. Comenzando por depositar su confianza en mí, había logrado escalar los primeros peldaños logrando amistades y contactos humanos que lo dignificaban y ayudaban. ¡Y justamente ahora, se estaba muriendo! La última traición ante de él era, que su propia salud le jugaba en contra empalmando con la serie de desventuras en cadena desde su nacimiento.

Entre todas las visitas concertadas para esa mañana mi mente estaba centrada especialmente en Fred. A la hora del almuerzo pedí que me llevaran un sándwich a mi despacho para no hacerlo esperar en caso de que se presentara antes de la hora fijada. Pero llegó la una y la una y cuarto sin que Fred diera señales de vida. Llegó a la una y treinta y cinco, era la primera vez que llegaba tarde en los cinco meses de tratamiento.

– No podré pagarle –me dijo al entrar, aún antes de sentarse. Me he despedido del trabajo esta mañana. He dicho todo lo que pensaba de ellos a esos tipos explotadores. En verdad me han pedido que me quedara hasta hallar alguien para ocupar mi puesto, pero ¿qué motivo tengo para hacerles un favor?

¡Cuatro meses me han dado los médicos! –prosiguió, hundiéndose en un sillón de mi consulta con lo que probablemente quería significar una risotada. ¿Qué chiste, verdad doctor? Tanto hurgar en mi pasado para poder enfocar mejor mi futuro, ¡justamente ahora que no tengo futuro alguno! Esfuerzos para descubrir los problemas de origen materno, esfuerzos para localizar la problemática producida por mi matrimonio y ahora todo resulta una pérdida de tiempo. ¿Qué le parece, doctor?

–Todo lo contrario –le repliqué. Todas estas cosas tienen ahora más valor y urgencia que nunca. Su futuro depende, en mucho más de lo que usted puede imaginar, de la manera y el enfoque que proyecte a la hora de enfrentarse con sus negocios y sus contactos humanos a todo nivel.

Fijando sus ojos en mí y dirigiéndome una profunda mirada replicó:

– ¿Mi futuro? Le acabo de decir que me han concedido cuatro meses de existencia que probablemente van a transformarse en cuatro semanas, porque los médicos son como los demás hombres y están expuestos a errores como todo el mundo. Con franqueza, no creo que valga la pena.

– No estoy hablando de cuatro meses o cuatro semanas o cuarenta años. Estoy hablando del futuro que no tiene fin ni medida.

Como si una puerta se me hubiera cerrado delante de mi cara, vi cómo la apertura de sus ojos había desaparecido de su semblante.

– ¿Acaso me está usted insinuando algo del ... cielo y el infierno, o algo por el estilo? ¡Vamos, doctor...!

Seguidamente trató de disimular su tono de disgusto, pero pude ver claramente que había logrado enfadarlo. Nuestro trato había sido que uno y otro "jugaríamos limpio" y así fue durante las semanas que precedieron a este diálogo. Para él –y para mí también– esto resultó ser básico; frecuentemente me había comentado que yo era la única persona que nunca había intentado engañarlo.

– Nunca me hubiera imaginado una reacción tal de su parte. Justamente usted era la persona de la que jamás pude esperarlo. En verdad que me sorprende. De haber deseado escuchar uno de esos sermones sin sentido explicando lo que pasa después de la muerte, hubiera ido a una iglesia donde esos predicadores, que no tocan con sus pies en el suelo, prometen alas para ir hasta el cielo con arpas y todo a cambio de unas monedas que puedas echarles cuando pasan la bandeja.

Respiré hondo, tratando de encontrar las palabras adecuadas para una respuesta tan delicada o al menos contestar de una manera que no fuera contraproducente. Sabía suficiente de la triste experiencia de Fred para darme cuenta de por qué cualquier cosa relacionada con la religión le producía alergia. Había vivido con tres padrastros y el último de ellos era una persona que iba cada domingo a la iglesia y al mismo tiempo era capaz de darle una paliza semanal hasta dejar al muchacho sangrando en el suelo.

– Nada sé de arpas o de alas –le dije con calma. – Solamente le puedo hablar de lo que yo mismo pude observar en el más allá.

Hice una pausa, con el temor de haber destruido, con alguna palabra peligrosa, los lazos de confianza que entre los dos habíamos logrado con el trato. "Después de haber muerto" –eso fue lo que realmente comencé a decir. Pero me hallaba delante de un hombre a quien a menudo le habían mentido. ¿Cómo podía compartir esta experiencia tan extraordinaria de mi vida, sin que él no la tomara como la mayor de las mentiras jamás oídas?

– Fred –continué con indecisión, también a mí los médicos me desahuciaron. Me declararon muerto, cubrieron mi cuerpo con una sábana y me dejaron así en la cama. El hecho es que, pasados unos diez minutos, más o menos, retorné a la vida. Ahora, este tiempo que me es concedido aquí en la Tierra es como un paréntesis de una existencia mucho más larga. Es justamente a este tipo de vida, Fred, a la que me he estado refiriendo en mi conversación.

Fred sacó un cigarrillo de un paquete que nerviosamente buscó en su bolsillo y con mano trémula lo encendió.

– ¿Me pide usted que yo crea que ha experimentado alguna clase de vida futura? ¿Lo que usted me quiere decir es que no debe importarme si en esta vida todo es engaño, injusticia y desgracia, ya que en la vida venidera todo será felicidad de color de rosa?

– No le pido que crea nada. Simplemente le estoy diciendo lo que yo creo; y no tengo idea de cómo será la vida futura. Lo que pude ver fue solamente como una mirada desde el dintel de la puerta de la eternidad, por decirlo de alguna manera. Pero aquello fue suficiente para convencerme desde entonces de dos cosas muy ciertas. Una, que nuestra conciencia no termina con la muerte física; al contrario, se transforma en un factor más definido y más real que nunca y, en segundo lugar, que la manera en que empleamos el tiempo aquí en la Tierra, así como la naturaleza de nuestras relaciones humanas, son inmensamente más importantes de lo que nos podamos imaginar a la hora de entrar en la eternidad.

Por algunos minutos me di cuenta de que Fred se había enfadado tanto que no podía ni mirarme cara a cara. Finalmente, sin levantar sus ojos de la alfombra tendida en el suelo, observó:

– Si usted estaba tan enfermo como me ha explicado, ¿cómo sabe que no se trata de un período de delirio?

– Porque Fred, esta experiencia ha sido la más real que jamás ha sucedido en mi vida. Desde entonces, me he dedicado al estudio de los sueños y de las alucinaciones. Nada se parece ni por asomo a mi experiencia.

– Honestamente, ¿quiere usted decir que nosotros vamos a..., siendo y sabiendo que somos los mismos? ¿Quiero decir, después de...?

– Lo afirmo por mi propia vida. Todo lo que he realizado durante los últimos treinta años: mi carrera de médico, mi especialización, todas las horas de trabajo voluntario entre la juventud cada semana; todo ello, absolutamente todo, tiene una referencia directa a esa experiencia. No creo que un delirio o una alucinación pueda tener este efecto: cambiar y orientar la vida entera de un hombre.

– No pudo ser delirio –me concedió. – Pero ¿no pudo ser un momento de transposición mental? ¿No podría tratarse de algún fenómeno en su mente?

– ¿Quiere usted decir que pudiera tratarse de una locura transitoria?

Sonreí, pero reconocí que la pregunta tenía su sentido. Después de todo, entre todos los mortales, a veces los locos son los que más apariencia de sanos tienen.

– Ciertamente que es difícil de explicarlo, Fred. También es difícil saber si uno está del todo sano mentalmente. En cuanto a mí tengo una razón para confiar que me encuentro bien y soy normal. Cuando hice la solicitud para ingresar en la Universidad de Virginia para cursar los estudios de psiquiatría, tuve que presentarme personalmente ante cada uno de los miembros de la facultad y contestarles docenas de preguntas a modo de examen psicológico. Justamente por haber tenido la experiencia mencionada

–la experiencia de haber muerto y lo que me pasó después– y ser esta experiencia tan importante en mi vida, creí que tenían el derecho a saberlo, así que determiné explicarlo. No sé qué llegaron a pensar todos aquellos eminentes doctores después de escucharme por largas horas, pero lo importante es que todos, sin excepción, opinaron que yo era una persona emocionalmente equilibrada y que podía comenzar mis estudios de psiquiatría.

– Lo cual prueba que los médicos están locos –dijo Fred. Pero esta vez tenía una sonrisa en sus labios y pude ver con satisfacción que otra vez me hallaba ante el Fred de antes, a quien podía hablar sin reservas, quien estaba dispuesto a escucharme con confianza.

La historia era demasiado larga para ser explicada de una sola vez, ni aun en dos o tres veces, pero creí que valía la pena dedicar el tiempo y los días necesarios para que Fred la conociera. Para su beneficio creí que sería mejor explicar detalle por detalle y dejarle la interpretación a él mismo.

– No trato de deducir ninguna conclusión, Fred. Simplemente voy a describir lo sucedido, paso a paso, desde el momento en que comencé a trabajar en un Hospital del Ejército. Luego, si usted desea comentar la incidencia que tuvo en mi vida, o en la de usted, podemos hacerlo.

– ¿Un Hospital del Ejército? –preguntó Fred, y me hizo una contrapregunta: – Esto fue durante la Segunda Guerra Mundial, ¿no es así? Entonces, ¿se trata de que usted fue herido en la guerra...?

– Fue durante la guerra, pero no fue una bala la que causó mi muerte.

Mi rostro se demudó al recordarlo. Fue la inclemencia del tiempo en el Oeste de Texas...

# II

Cerré mis ojos y recordé los incidentes de hacía ya treinta y cuatro años. Me parecía volver a ver aquel tren tan largo cubriendo el recorrido entre Virginia hasta Abilene, Texas. Cientos de soldados, muchos de ellos, como yo, por primera vez, salíamos de casa. Había nacido y me había criado en Richmond, y recuerdo como si fuera ahora mi gran sorpresa al descubrir que existían extensiones de terreno sin que hubiera árboles plantados.

Era a finales de septiembre del 1943 –comencé relatando–; estaba de camino hacia el Campo de Barkeley, en Texas, para el primer período de instrucción militar. Tenía 20 años, era un muchacho alto, más bien delgado, típico de los jóvenes de aquel entonces, lleno de idealismo pensando que pronto ganaríamos la guerra dando una buena lección de democracia a los fascistas alemanes y sus aliados.

Para lo que no estaba preparado era para luchar contra el polvo. Al llegar a la estación de Abilene nos hicieron subir en pesados camiones que nos transportarían al campo militar, varias millas al interior, pero el viento levantaba tal cantidad de polvo que no pudimos ver nada en todo el camino. Me habían dicho que el Campamento de Barkeley era un lugar enorme –estaba destinado para albergar 250.000 soldados– pero tuvieron que pasar varios días hasta que el polvo se fue sedimentando para que pudiéramos ver el lugar: tenía el aspecto de una gran ciudad hecha de casas de madera en medio de un desierto.

Durante las tormentas de polvo nos enseñaban cómo mantener los ojos abiertos y aun así teníamos que marchar con la mano sobre el hombro del compañero para evitar chocar unos contra otros. Luego vino el mes de noviembre y con él la lluvia, de modo que todo aquel polvo se tornó en barro. Mas el viento secaba pronto la superficie y otra vez el polvo nos daba en la cara. Allí se dice que es el único lugar en la tierra donde se puede andar con barro hasta la rodilla y al mismo tiempo recibir polvo en los ojos.

En diciembre, como si todo eso no fuera bastante, se presentó una ola de frío como nunca antes la había conocido. El día 10 de diciembre nos tuvieron sentados al aire libre, a una temperatura de varios grados bajo cero durante dos horas, mientras un oficial nos daba una conferencia sobre cómo mantener el equipo en condiciones de limpieza. Aquella noche la totalidad del pelotón se la pasó tosiendo.

A la mañana siguiente, mi garganta me dolía; me presenté para revisión en la enfermería. El médico me encontró con fiebre, no muy alta, pero un jeep me llevó al hospital de la base.

Aquel hospital era enorme, tenía cinco mil camas, distribuidas en más de doscientos barracones de madera conectados unos con otros por pasillos para el transporte de enfermos. A causa de mi fiebre fui colocado en un departamento aislado. Era un barracón con 24 camas con un médico y una enfermera para cuidar a los enfermos. Cada cama quedaba separada de la otra por unos tabiques y en una de ellas me colocaron a mí. De momento la fiebre no me subió.

Una sola cosa me tenía preocupado, estábamos a 11 de diciembre y para el 18 del mismo mes tenía un pase para regresar a Virginia. Era mi primer permiso y oportunidad de volver a casa, y para un muchacho de 21 años en su primera experiencia militar de aquella categoría, esta visita a casa representaba mucho. No faltaría más que a causa de un inoportuno constipado tuviera que pasar las Navidades en aquel desierto. Además, el 22 de diciembre tenía que comenzar mis clases en la Facultad de Medicina de Virginia, justamente en mi ciudad natal, para licenciarme como médico bajo el Programa Especial de Preparación para el Ejército.

La misma ilusión me despertaba por la noche y me preguntaba si realmente era verdad. Fue inmediatamente después de la Fiesta de Acción de Gracias cuando, sin previo aviso, fui llamado para una larga entrevista ante toda la plana mayor del campamento. Ante todos los oficiales y sus interrogatorios, me daba la sensación que me estaban aplicando un consejo de guerra bajo la ley marcial y que la última pregunta sería si deseaba llamar a mis padres antes de ser fusilado.

De pie, con mi atención concentrada en las preguntas que me llovían por todos lados, temblando mis rodillas, fui contestando a todo lo que me preguntaron. ¿Era cierto que había terminado los estudios preuniversitarios en la Universidad de Richmond? ¿Era cierto que había cursado solicitud para ingresar en la Facultad de Medicina de Virginia? ¿Qué razones me habían impulsado a enrolarme en el ejército, a sabiendas que los estudiantes de medicina quedan exentos del servicio militar?

Finalmente uno de los oficiales se explicó. Por aquel entonces, el invierno del 1943, el ejército sufría una enorme escasez de médicos. Se sabía por cierto que, en algún momento del año siguiente, los aliados invadirían Europa. ¿Cuánto tiempo duraría aún la guerra después de esa operación? ¿Cinco años?, ¿seis? Era necesario preparar nuevos médicos rápidamente y obviamente la mejor manera de hacerlo era reclutar a tiempo los soldados que mayores posibilidades de preparación tuvieran.

Sí, –les contesté, aún temblando pero más sosegado. –Terminé mis estudios preliminares el verano pasado, hice los cuatro cursos en dos años, como tantos hicimos en tiempo de guerra. Y sí, mi solicitud había sido aceptada por la Facultad de Medicina de Virginia. En cuanto a mi decisión de alistarme en el ejército en vez de... fue una cuestión personal– mas todos aquellos oficiales quedaron pendientes de una más amplia explicación de mi parte.

– Fue motivado por mi padre, –les dije–, a causa de su incorporación a filas–. Ellos quedaron un tanto sorprendidos esperando el resto de mi explicación, así que me dispuse a contarlo desde el principio. Mi padre –comencé–, era un técnico de la Railroad Company, con la misión de viajar continuamente visitando los clientes consumidores de carbón; y al mismo tiempo los asesoraba en cómo construir los hornos adecuadamente. Cuando llegó la guerra, la Compañía envió a mi padre para que trabajara bajo los auspicios del Gobierno como inspector de las plantas térmicas en las bases militares. Cuando la operación para invadir Europa estuvo preparada, le fue encomendada la responsabilidad de mantener y controlar los stocks de carburante en vistas al día D, hora H.

Ahí estaba mi padre, a una edad para estar ya licenciado, dispuesto a embarcarse para ultramar, siguiendo a las tropas de primera línea en Europa para montar los depósitos de carburantes allí. Y aquí me encontraba yo, con mis veinte años, asistiendo a las clases de la Universidad como si nada sucediese en el mundo. Por esta causa me apunté voluntario; por esto me encuentro hoy aquí en el Campamento Militar de Barkeley, Texas.

Lo que no les dije a los oficiales es que a las pocas semanas de comer polvo y barro me había arrepentido de la decisión tomada, pues yo no creía que se pidiera tanto de un soldado cuando tenía que ir a la guerra. Fue justamente entonces cuando tuve la sensación de mi inutilidad y poca valentía, cuando me llegaron las noticias para que me incorporara a la Facultad de Medicina, por encargo y sugerencia del mismo Ejército.

Estirado sobre la cama, mirando el techo de madera del barracón-enfermería, con un pijama blanco del que me sobraba tela por todos los lados, me sentí satisfecho de cómo las circunstancias se iban desenvolviendo. Supongo que de haber sido religioso, hubiera atribuido a Dios mi suerte, pero este no era mi caso en aquel entonces. Cierto, yo iba a la iglesia, casi cada domingo cuando estaba en casa, pero ir o no ir no era de gran diferencia para mí.

Lo más importante para mí era el excursionismo. Desde los doce años había pertenecido a los Boy Scouts, había hecho marchas desde Tenderfoot hasta Eagle a pie, desde el verano anterior había alcanzado el grado de scout maestro. Por inercia, siempre pensaba en términos de graduaciones, puntos de promoción y cosas por el estilo. Cuando me alisté voluntario en el Ejército me daba la sensación de que establecía mi récord en hacer méritos mucho mejor que logrando buenas notas en la Universidad.

Así era mi vida. Tomé la medicina como pude tomar otra cosa. Siempre había deseado ser médico, mucho antes de terminar mis estudios de bachillerato me había dado cuenta de que era una buena profesión para ganar dinero. Entonces no me daba cuenta de que la mayor recompensa la hallaría como resultado de poder hacer bien a otras personas.

Una enfermera con uniforme militar se paró delante de mi cama, sacudió un termómetro y me lo colocó debajo de la lengua. Con una sonrisa en mis labios esperé las buenas noticias. Era el 15 de diciembre; hacía cuatro días que había ingresado en aquel departamento y no se notaba ninguna mejoría. Comencé a preocuparme porque solamente me faltaban tres días para la fecha de mi viaje a casa. Calculé que incluso de no tener ya fiebre, siempre es preceptivo que tengan a los enfermos un par de días más para observación.

Leyó el termómetro y marcó la temperatura en la hoja de control. –Aún tiene usted 38° de fiebre, me temo que no podrá salir antes de unos días, –dijo la enfermera con un tono un poco misterioso. Yo le había explicado mi propósito de viajar el día 18 y por esta razón se mostró un poco preocupada. Noté también cierta preocupación en los demás médicos.

No paré hasta que me proporcionaron un horario de trenes que coloqué encima de la mesita de noche al lado del jarro para el agua, el vaso y un recipiente para depositar mis esputos. Entre todos los trastos de la enfermería, aquel horario de trenes era mi único contacto con el mundo exterior. Si la suerte no me acompañaba para poder salir el 18, estaba estudiando las posibles combinaciones para llegar a tiempo, al menos a las clases del día 22. De no presentarme para esta fecha, seguramente que otros soldados ocuparían mi lugar. En el caso de que guardaran la plaza, al llegar con retraso me sería muy difícil lograr ponerme al día como los demás. Sabía que el programa de estudios era muy apretado y me habían informado que una tercera parte de las promociones no lograban pasar los exámenes satisfactoriamente.

Me tomé la píldora que la enfermera me dejó dentro de un vaso de papel y me tumbé en la cama continuando mis cómodos razonamientos y mis inmediatos cálculos de viaje. Entonces ya sabía por qué quería ser médico. No era por amor al dinero. Era para poder ayudar al abuelo Dabney.

El abuelo Dabney era el padre de mi madre; cerrando los ojos podía ver perfectamente sus ojos azules y su blanco y tieso bigote. La familia Dabney eran hugonotes franceses que se habían establecido en Virginia a mitad del siglo XVIII, en una región donde la gente aún en la actualidad conserva una manera de hablar característica. El jardín del abuelo siempre había sido el "gyarden", su automóvil el "cyah".

Él y la abuela Dabney fueron para mi hermana y para mí más padres que abuelos. Un mes después de haber nacido yo, nuestra madre falleció, y el trabajo de mi padre en una compañía de carbón le obligó a viajar continuamente. Por eso los abuelos se hicieron cargo de Mary y de mí y fuimos a vivir con ellos en una casa de campo, "Moss Side", en lo que entonces eran las afueras de Richmond.

Era un sitio maravilloso para unos niños como nosotros. Teníamos columpios y extenso terreno para jugar en un pequeño bosque de encinas rodeando la casa. Hasta que las ordenanzas municipales lo prohibieron, la abuela cuidaba una vaca y gallinas que pastaban y corrían por la finca. Era una señora bajita, chapada a la antigua, que llamaba a su esposo "Sr. Dabney" y tenía preferencia por hacer la comida en una cocina alimentada con leña en vez de aquellos modernos inventos del gas doméstico. Cada mañana, durante aquellos buenos años de nuestra estancia en la casa de campo, me despertó el ruido que la abuela hacía al amasar la harina para hacer el pan de cada día.

Mi abuelo Dabney era propietario del almacén de zapatos más importante del sur. También había una sección de venta al público y en el segundo piso tenía un carrusel para niños que podía accionarse con el pie. A veces, me llevaba hasta la estación del ferrocarril en Acca y allí me contaba cosas de las máquinas de vapor y de los guardagujas cuando tenían que cambiar las direcciones de los trenes para Richmond o para Potomac.

Otra de las personas que vivía en la mansión de los abuelos era la Srta. Williams, una enfermera que se quedó en la casa desde que me estuvo cuidando cuando, al nacer prematuramente, tenía necesidad de atenciones especiales y no muchas esperanzas de sobrevivir. Mi abuelo solía contar una y otra vez que yo era tan pequeño que para llevarme del hospital a nuestra casa de Florheim, lo hicieron dentro de una caja de zapatos. La Srta. Williams llevaba unas gafas adornadas con unos ribetes de plata y tenía una gran verruga en la nariz que cuando se la sacaron le quedó una mancha aún más fea. Ella fue la que me crio a base de biberones, una moderna innovación por aquel entonces, en el barrio de Richmond donde estaban viviendo. Una vez logró que llegara a ser un niño casi normal, los abuelos la tomaron fija en casa para que estuviera al cuidado de mi hermana y mío.

Cuando tenía siete años, mi padre se casó por segunda vez. Mi hermana Mary Jane y yo fuimos a vivir con nuestra madrastra en una pequeña casa en BrookRoad, y la Srta. Williams se separó de la familia para trabajar en otro lugar. A pesar de todo casi cada fin de semana lo pasábamos en casa de los abuelos Dabney en Moss Side. A medida que los años iban transcurriendo, me fijaba que el abuelo se iba doblando y sus huesos se deformaban con una enfermedad irreversible.

Los mayores nos decían que tenía artritis reumática. Aún yo era muy pequeño cuando me acuerdo que el abuelo tuvo que ayudarse con unas muletas para poder andar. Después, la enfermedad se apoderó de sus hombros y sus manos, hasta que quedó inmóvil sentado en una silla de ruedas. Ya mayor, tuve fuerzas para alzarlo y colocarlo en el coche o ponerlo en la cama a la hora de acostarse. Fue entonces cuando comprendí qué cosa era el dolor. No porque el abuelo se quejara, ya que nunca lo oímos expresar su padecimiento, creo que era la persona más sufrida sobre la faz de la tierra. Era tal su ánimo que su propio médico traía a otros pacientes para que hablaran con él con el objeto de que aquel anciano inválido les diera una palabra de aliento. No obstante, a menudo lo vi estremecerse de dolor, su cara se volvía pálida como la pared, y eso fue lo que me incentivó a dedicarme a la medicina.

Era ya demasiado tarde para poder ayudar en algo a mi abuelo. Murió tres años después de haber decidido estudiar para médico, cuando tenía diecisiete años.

Me acuerdo muy bien de aquel día cuando regresé a casa después de una marcha con el equipo de los boys scouts y me encontré con mi hermanastro Henry y mi hermanastra Bruce Gordon enfrente del portal de la casa. Henry tenía solamente siete años y Bruce cinco, probablemente demasiado pequeños para darse cuenta de lo que pasaba, pero una cosa observé mirando a sus ojos, ambos habían estado llorando. El papá, la mamá y Mary Jane, me dijeron, estaban en Moss Side.

El abuelo Dabney había sido colocado en la sala de la entrada. Cuando llegué me quedé por unos momentos parado en el portal que tantas veces había pisado; me faltaban las fuerzas para proseguir adelante. Un ataúd metálico de color gris estaba colocado encima de un caballete de madera al lado del viejo fonógrafo de Edison. Finalmente, me revestí de valor y me acerqué hasta quedar de pie mirando el cuerpo inerte de mi abuelo.

Pero aquel pálido cuerpo, aquella figura inmóvil, no podía ser el abuelo Dabney. Tan silencioso, tan blanco. Me impresionaron en gran manera sus manos. Los empleados de la funeraria le habían estirado los retorcidos dedos y los tenía colocados encima de una tela satinada, de manera que parecían excesivamente largos. Aquellas manos retorcidas del abuelo eran todo un símbolo para mí, hubiera preferido que no se las hubieran retocado. Yo las recordaba tan suaves, que ahora me parecían extrañas y desfiguradas.

Aunque nunca tuve oportunidad de ayudar a mi abuelo, él sí que me ayudó, enseñándome por medio de sus silenciosos sufrimientos, el auténtico significado de la vida. Y como si hubiera estado descubriéndolo en aquel momento, vi que podría ganar dinero en el mismo hecho de prevenir el dolor y sufrimiento de los demás. Así está montado este mundo y es una manera hermosa de hacer justicia.

Fue sorprendente; tan pronto como hallé el lado crematístico de mi profesión, comencé a pensar en las cosas que me gustaría poseer llegado el momento de tener posibilidades propias. Pronto elaboré una larga lista de prioridades: lo primero un Cadillac, luego una piscina y un bote deportivo.

El enfermero estaba empujando un carrito con la comida para todos los hospitalizados en la sala y tuve que dejar todos mis sueños pasados para concentrarme en un delgado plato de plástico acabado de colocar enfrente de mí. Pero cuando terminó el almuerzo volvieron mis pensamientos. Según el programa acelerado del Ejército, calculé, pronto llegaré a ser uno de los médicos más jóvenes que jamás hayan obtenido el título. Y entonces... bueno, la guerra no va a durar una eternidad.

Contemplé mi anillo de la mano izquierda: un sello ovalado con una piedra de ónix negra, una auténtica joya de oro en forma de búho con las iniciales de Pi-Gama-Delta de la Fraternidad, y grabadas las palabras "Universidad de Richmond 1945" en su base. Como otros tantos de mi promoción allí estaba, habiendo terminado el curso y luciendo el uniforme militar. De comenzar en la Facultad de Medicina aquel mismo mes, podría terminar la carrera en tres años... estas eran mis cuentas, cuando hubiera cumplido los veinticinco años ya podría disfrutar del ansiado Cadillac.

Diciembre, día 16. Me hice con un horario de trenes nacional y me pasaba el tiempo buscando las mejores combinaciones y enlaces para llegar a casa lo más pronto posible. Enlazara de la manera que enlazara no hallaba la manera de llegar desde Abilene, Texas, hasta Richmond, Virginia, en menos de 30 horas de ferrocarril. De hecho, con las restricciones propias de la guerra y con el tráfico natural por ser tiempo de Navidad, seguramente me tendría que pasar 48 horas hasta llegar a casa. Eso significaba que para estar a tiempo tenía que salir de Abilene, como máximo, el 19 de diciembre. Para más complicación, ahora los médicos me habían diagnosticado gripe en vez de un simple resfriado.

Después, inesperadamente, al amanecer el 17 de diciembre, aquel hilito de mercurio que sube por el tubito del termómetro no se paró hasta llegar a 39 grados. La enfermera del turno de la mañana informó de las "buenas noticias" al médico de guardia, quien apareció a los pies de mi cama a los pocos minutos.

– Voy a acompañarlo personalmente a la sala de recuperación –me dijo.

Se cargó él mismo la mochila de campaña que tenía al pie de mi cama y lo seguí, pasando por varios pasillos de madera, con mi guerrera colgando del brazo y un tanto sorprendido. Me sorprendía que aquellos médicos militares se tomaran tanto interés por el solo hecho de haberme subido un poco la temperatura. El doctor me tranquilizó, diciéndome que tan pronto como se supiera el origen de la fiebre, seguramente me darían el alta en uno o dos días.

La sala de recuperación tenía doce camas con un aspecto muy parecido al departamento donde estaba antes. También tenía dos sillas blancas por cada cama y una mesita de noche por cada enfermo. Los tres médicos de turno disponían de tres reducidos departamentos para cada uno de ellos. La única diferencia aquí era una cierta libertad para trasladarnos a otros departamentos del gran hospital, incluso podíamos ir a la sala de cine y teatro, todo ello por tratarse de un lugar de recuperación. No obstante, me pasé el día entero sentado al lado de mi cama. Estaba nevando y no quería correr el riesgo de resfriarme de nuevo con alguna corriente, mientras me trasladase por los pasillos.

Continuaba pensando en lo feliz que sería celebrando las Navidades, pudiendo estar en Richmond, en mi propia ciudad y en compañía de toda mi familia.

Cierto que mi padre no estaba en casa, pero mi madrastra sí. A pesar de ser mi madrastra y de que no siempre estábamos a partir un piñón, entre pasar las Navidades en un cuartel de madera o en un desierto de Texas con el aguanieve azotando los cristales de las ventanas, la elección no era difícil.

Incluso era posible que Mary Jane y su esposo vinieran desde Fort Bolvoir, Virginia. A ella sí que la encontraba a faltar de veras. También a Henry y a Bruce Gordon. He de confesar que les tuve celos desde el día en que nacieron, mi madrastra había tenido hijos del nuevo matrimonio y se ocupaba menos de mí. Pero siendo Navidad estaba seguro que me gustaría verlos corretear a todos por la casa.

Cuando las luces se apagaron, la enfermera de noche vino a tomarnos la temperatura y anotó los datos en su bloc. Era la rutina de cada noche antes de dormir, además nos tomaban la temperatura dos veces más durante el día. La enfermera no dio señales de nada anormal, pero a los pocos minutos se presentó con un ayudante, se cargó la mochila de campaña y tomó mis objetos personales bajo el brazo sin decirme una palabra.

– Sígame hasta el departamento de observación – ordenó la enfermera.

Me quedé mirándola fijamente.

¿Qué significa esto?

– La fiebre ha subido y necesitamos tenerlo en observación aisladamente.

– Pero esto no puede ser, ¡he de partir mañana!

Se encogió de hombros. Me tomó de nuevo la temperatura y vi con mis propios ojos que había subido a 39,7°.

Aterrado, seguí al militar que transportaba mis pertenencias por los interminables pasillos de madera hacia otros departamentos de los cuarteles de campaña. Tenía la esperanza de que me trasladaran a algún sector de personal conocido, donde tanto interés se habían tomado en mí. Aunque el aspecto era idéntico, al minuto me di cuenta de que se trataba de un lugar distinto. Uno de los celadores me informó que a causa de una extensa gripe todas las camas estaban ocupadas.

Instalado ya en mi cama, me fue imposible conciliar el sueño. ¿Qué iba a hacer? El día siguiente era el 18. Nunca antes había viajado en esta clase de tren, ¿qué pasaría si no lograse alguna de las conexiones en el camino?

Durante toda la noche di vueltas y más vueltas en la cama. Mi propia tos y el toser de los demás en la sala no me dejaba dormir. ¿Por qué la fiebre me habría subido tan de repente? Desde que hice los estudios preparatorios para ingresar en la Facultad de Medicina sabía que una gripe podía degenerar en neumonía y en este caso la enfermedad debía seguir un curso largo y peligroso. También sabía de las investigaciones llevadas a cabo con respecto a esa enfermedad y las nuevas medicinas experimentadas con marcado éxito, pero aún no se habían comercializado. En caso de tener neumonía, no me quedaba ninguna garantía de poder pasar las Navidades en casa.

A la mañana siguiente, 18 de diciembre, noté que la fiebre había cedido un poco, pero no lo suficiente como para ser trasladado de nuevo a la sala de recuperación. Mis esperanzas renacieron. Expliqué a las enfermeras mi proyecto de viaje a Richmond y la posibilidad de llegar a casa. Todo el personal se mostró interesado como el otro grupo de recuperación y me prometieron hacer lo posible para ayudarme. Mirando y buscando las posibles combinaciones de ferrocarril, uno de los auxiliares descubrió que saliendo de Abilene la noche del 19 –en realidad era la madrugada del 20– a las 4.00 de la madrugada, y con buena suerte en los enlaces, podría llegar a Richmond a tiempo para celebrar la Navidad con la familia.

– Puedo proporcionarle un Jeep para que lo lleve desde el hospital hasta la estación –me dijo uno de los médicos–. Si la temperatura sigue bajando como hasta ahora, lo podríamos trasladar a recuperación por la mañana –la mañana del 19– y podría partir directamente hacia la estación la madrugada siguiente, sin necesidad de presentarse al cuartel.

Y maravilla de maravillas, amanecí el día 19 con una temperatura casi normal. De acuerdo con la promesa de mi médico, me trasladaron a la sala de recuperación junto con mi mochila, mis pertenencias, y un volante para que a la madrugada siguiente pudiera abandonar el campamento con un Jeep del ejército a las 3.20 horas.

Me asignaron la cama número cuatro de aquella conejera, cuyo aspecto exterior era idéntico a los demás departamentos de aquel inmenso complejo de edificios de madera. Doce camas en hilera, doce más en posición perpendicular. Tres departamentos para los médicos en el fondo y tres camas aisladas para casos graves. Sin embargo, aquella noche, a pesar de la monotonía del lugar, se me antojaba como uno de los mejores hoteles de la ciudad. Desde ahí, aquella misma noche, un Jeep vendría a recogerme para alejarme de las tormentas de polvo y de los campos de prácticas militares... para siempre.

Aquella tarde me puse el uniforme, así me acostumbraría a llevar ropa otra vez. Me propuse relajarme sentado, pero estaba demasiado excitado para quedarme quieto mucho rato. Eran como las cinco de la tarde cuando un compañero, aburrido de estar sin hacer nada me propuso ir al cine. La primera vez que estuve en recuperación casi no salía del departamento por miedo a empeorar mi salud. Ahora, salté literalmente de la cama donde estaba echado aceptando la invitación de mi compañero. Cualquier cosa que ayudara a transcurrir el tiempo más rápido era bueno para mí. La tensión de aquellos últimos días al pasar de una sala a otra, la subida y bajada de la fiebre y la inseguridad de poder regresar a casa en el tiempo previsto, era algo que podía conmigo.

Fuimos a la primera sesión inmediatamente después de cenar; a pesar de todo quería acostarme temprano. Aún no puedo recordar qué película vimos. Lo único que recuerdo es que tan pronto como me senté en la butaca me vino un violento ataque de tos.

Eran las 9.15 cuando regresábamos al dormitorio y me sentía un tanto preocupado. La enfermera acababa de terminar su rutinaria ronda, la primera de la noche. Solamente el celador estaba despierto, dejé escapar un profundo suspiro e intenté relajarme. Tenía toda la impresión de que la fiebre me había vuelto, pero no permití que nadie me pusiera el termómetro en la boca.

Lo único que hice fue pedirle una aspirina al celador. Me dio un sobre con seis pastillas de APC (un compuesto de aspirina, phenacitina y cafeína), el único medicamento que estaba disponible sin receta. Antes de acostarme ordené mis cosas en la mochila de campaña, coloqué mis botas altas al pie de la cama y colgué la guerrera en una silla. Todo a punto para cuando me llamaran aquella misma madrugada para tomar el tren convenido.

Una de las enfermeras me había prestado un despertador y antes de acostarme lo probé dos veces asegurándome que sonaría a las 3.00. Finalmente, llené el vaso con un poco de agua y me tomé dos de las tabletas de APC.

A pesar de que algunos muchachos aún estaban despiertos y hablando por allí, me metí en la cama y a los pocos minutos ya estaba profundamente dormido.

# III

Un espasmo de tos me despertó de pronto. Palpando agarré la escupidera de la mesita de noche y vomité algo dentro. Me dolía mucho la cabeza y tenía la sensación de que me ardía el pecho. La sala estaba silenciosa y tranquila, solamente se veían las tenues lucecitas al lado de cada cama, como doce bujías, colocadas ante doce altares arrimados a la pared.

¿Qué hora sería? Quise ver las agujas del reloj, pero no tenía bastante claridad para distinguirlas. Coloqué el despertador delante de la lamparita y pude ver la hora: medianoche.

Llené hasta la mitad con agua de la jarra el vaso que estaba encima de mi mesita de noche, me tragué dos tabletas más de APC y volví a acostarme. Noté que las sábanas estaban empapadas de sudor. Una y otra vez tuve que esputar dentro de la escupidera. Había logrado dormirme de nuevo cuando me desperté ahogándome; estaba vomitando. Cuando cedió el ataque de tos, miré de nuevo el despertador. Eran las dos y diez minutos.

Faltaba menos de una hora para levantarme. Me sentía horrible, el sudor empapaba mi cuerpo y el corazón golpeaba como un martillo mecánico. Tomé la última de las tabletas que me quedaban y traté de conciliar de nuevo el sueño, pero una tos que me salía desde lo más profundo del pecho no me dejaba. Tenía que esputar una y otra vez, sin poder evitarlo. Finalmente coloqué la almohada detrás de mi espalda y me senté en la cama. Esta postura me ayudó a respirar y no tosía tanto, pero me dolía todo el cuerpo y sabía muy bien que tenía fiebre alta. Mientras nadie lo descubriera... lo importante para mí era subir al tren.

Otra vez miré el reloj. Casi la hora de levantarme. Apreté el botón para que no sonara el timbre. No había necesidad de despertar a los demás si ya estaba despierto. Me levanté, sin atreverme a encender la luz para vestirme. Al menos que la tos no despierte a los demás. Puse los pies en el suelo y al intentar dar el primer paso noté que las piernas me temblaban. Tomé mi uniforme y traté de ponerme los pantalones con cuidado. Me sentí tan mareado que creí caer al suelo. Tenía que mantenerme normal, de otra manera el conductor del Jeep podría notarlo. Sin quererme fijar noté que la escupidera estaba roja de sangre.

Distinguí una pequeña luz en el fondo de la sala. Era el celador de guardia durante la noche que estaba leyendo una revista.

– Déjame el termómetro un momento, por favor–, traté de decirle con naturalidad.

Se levantó y me alcanzó uno desde la estantería encima de su cabeza. Me alejé unos pasos antes de ponérmelo en la boca; al fin y al cabo era solamente para mi información. Pasados unos minutos miré la temperatura a la luz de la lamparita en mi mesita de noche.

Cosa extraña, era lo mismo si lo tenía al derecho o al revés, parecía que la columna de mercurio estaba a tope. El celador vino y me quitó el termómetro de las manos.

Más de 40° –dijo casi ahullando–, y antes de que me diera cuenta emprendió carrera hacia adentro por uno de los pasillos.

En menos de un minuto regresó con una enfermera detrás de él. Me colocó otro termómetro en la boca mientras yo maldecía mi estúpida idea de habérseme ocurrido pedir el termómetro. Lo retiró de mi boca y dándole una mirada ordenó:

– ¡Siéntese!

Me dirigió una mirada como si estuviera amenazando a un niño; me hizo sentar en la misma silla del celador y con el mismo tono de voz prosiguió dirigiéndose a su compañero.

– ¡No te muevas de su lado! Yo vuelvo enseguida!

– No puedo quedarme sentado aquí –dije al celador mientras la enfermera se retiraba. – ¡Tengo que vestirme para tomar el tren dentro de unos minutos!

– Tómalo con calma –respondió– el médico viene en un momento.

– ¡Tengo que salir para Abilene! Un Jeep se presentará a recogerme dentro de veinte minutos.

– De acuerdo, de acuerdo –dijo con ánimo de tranquilizarme–. Dentro de unos minutos todo estará arreglado.

A aquel loco parecía no importarle mis argumentos, y con la misma calma actuaba el médico cuando llegó. Comenzó por auscultarme el pecho y habló con la enfermera de rayos X.

– No podrá llegar al departamento de rayos –murmuró la enfermera–. Será mejor que llamemos a una ambulancia.

Mientras la enfermera llamaba por teléfono me esforcé en explicar al doctor que era el Jeep el vehículo que yo necesitaba, que ya estaba a punto de llegar para trasladarme a la estación del ferrocarril. Aún estaba hablando cuando aparecieron dos soldados con una camilla. El doctor me ordenó acostarme sobre ella. Me daba la sensación de que me volvería loco ante la situación que no acertaba a comprender, ni aceptaba comprender. Al fin y al cabo estaba en el ejército y el que mandaba era mi superior, así que me tumbé sobre la camilla y ellos me tendieron una manta por encima, poniéndose en marcha seguidamente.

Un minuto después sentía cómo el aire frío de la noche daba en mi rostro, mientras me llevaban hasta la ambulancia que esperaba afuera. Después de un corto trayecto, abrieron la puerta del vehículo; sentí otra vez el aire fresco de la noche. Me entraron y pronto me hallé en una habitación llena de aparatos.

Otro hombre con bata blanca me habló cariñosamente.

– ¿Cree usted que podrá levantarse por unos minutos? –dijo.

Casi no pude aguantarme la risa, cuando me hallé con los brazos por encima de los hombros de los dos camilleros, quienes me levantaron para ponerme de pie. Me esperaban, tal vez, horas de estar de pie en el tren o esperando en las diversas estaciones que debía enlazar.

Acompañado por mis ayudantes me encaminaron hasta un panel metálico que tenía un dispositivo para que apoyara mi barbilla. Uno de los médicos midió mi estatura. Metro ochenta, luego me cambió de posición y me dijo: – Manténgase quieto por un momento-.

– Relájese... escuché un click y luego un ruido como de una cámara fotográfica disparándose a distancia.

Aquel ruido seguía y se prolongaba. Se hacía más y más audible. Parecía como si lo sintiera dentro de mi cabeza, al mismo tiempo que las rodillas parecían volverse de goma. Se doblaban bajo mi peso al mismo tiempo que el ruido se oía cada vez más fuerte.

# IV

Me incorporé con un sobresalto. ¿Qué hora sería? Miré a la mesa de al lado, pero alguien había quitado el reloj. Además... ¿dónde estaban todas mis pertenencias? ¿Y el horario de los trenes? ¡Mi reloj!

Miré a mi alrededor. Me hallaba en una pequeña habitación donde nunca antes había estado. Por la poca iluminación de noche pude distinguir que la cama ocupaba casi toda la habitación. Había una silla de madera blanca junto a la puerta, la cama, la mesa, y eso era todo.

¿Dónde me hallaba?

¿Y cómo había llegado hasta ahí?

Traté de hacer memoria. El aparato de rayos. ¡Eso es! Me entraron a la habitación de rayos y... en algún momento debí haberme desmayado o algo había sucedido.

¡El tren! ¡Había perdido el tren! Salté de mi cama alarmado buscando mi ropa. Los empleados de rayos nada sabían de mi partida y, naturalmente, me habían dejado allí en vez de enviarme a la sala de recuperación donde me esperaba el Jeep.

Mi uniforme no estaba en la silla. Ni tampoco debajo de ella. Ni detrás. Ni mi mochila. ¿Dónde podrían haberlo puesto en un lugar tan reducido como era aquel cuarto? ¿Tal vez debajo de la cama? Busqué y busqué. De pronto quedé petrificado.

Alguien estaba tendido en aquella cama.

Me acerqué un poco más. Era un joven, con pelo rubio, muy corto, tendido y sin moverse. Pero... ¡eso es imposible! ¡Si yo mismo acabo de levantarme de aquella misma cama! Por unos instantes reflexioné sobre el misterio de todo aquello. Todo resultaba demasiado extraño para descifrarlo y de todas maneras no tenía tiempo que perder.

¡El celador! ¡Seguramente que mi ropa y mis cosas están en su oficina! Salí corriendo del cuarto y miré a mi alrededor. Nuevamente dos hileras de pequeñas luces adosadas a la pared de la sala. Me pregunté si era el mismo departamento donde había estado antes, pero como todas las salas tenían el mismo aspecto, era casi imposible asegurarlo.

Justo enfrente del almacén vi una puerta abierta, la luz estaba encendida, pero el celador no estaba allí. Penetré, pero solamente vi las estanterías con los objetos convencionales. Mi ropa no estaba allí, ni mis zapatos, ni mi mochila. Los despachos de los médicos y las enfermeras estaban a oscuras. Nadie estaba allí tampoco. Atravesé despacio por entre las camas colocadas en hilera donde dormían los soldados, examinando las sillas para ver si distinguía mi ropa. La luz no me era muy propicia. Unos ronquidos aquí y allá se dejaban oír mientras pasaba junto a los que dormían.

Regresé un pasillo atrás e ingresé por uno de los departamentos. Vi a un sargento que venía con una bandeja llevando un instrumento cubierto con un paño blanco. Probablemente no sabía nada de mi problema, pero de todos modos me alegré de hallar alguien despierto y me dirigí hacia él.

– Discúlpeme, sargento –le dije–. ¿Ha visto usted al celador de este departamento?

Pero él no me contestó ni me miró. Simplemente continuó andando, directamente hacia mí, sin detenerse ni aminorar el paso.

– ¡Cuidado! –grité cediéndole el paso con un salto.

Como si nada, pasó de largo, continuando su camino como si no me hubiera visto; no pude comprender cómo no nos chocamos.

Luego se me ocurrió una idea. Allí estaba la puerta de hierro que daba al exterior. Corrí hacia ella. Aún en caso de haber perdido el tren, quién sabe si podría lograr otro medio de transporte para llegar hasta Richmond.

Casi sin darme cuenta me hallé afuera, corriendo a gran velocidad, trasladándome más rápidamente que nunca. Dejé de sentir el frío de la noche, de hecho no tenía ni frío ni calor.

Miré hacia abajo y quedé asombrado al no ver el suelo a mis pies, allá a lo lejos, las copas de los árboles y los arbustos. El campamento de Barkeley lo divisaba a lo lejos, mientras me alejaba a gran velocidad por encima del desierto helado. Mi mente se resistía a creer la realidad de mi experiencia, sin embargo... estaba sucediendo de una manera tan evidente.

Vi como una ciudad; efectivamente era una ciudad la que sobrevolaba. Pude distinguir las luces, incluso los semáforos cómo cambiaban de color en los cruces. ¡Todo aquello resultaba imposible! ¿Cómo un ser humano podía literalmente volar sin un aeroplano? Por otro lado allí estaba, trasladándome por los aires.

El paisaje volvió a transformarse en vastos bosques y extensos campos cubiertos por una fina capa de nieve recién caída. Aquí y allá, distinguía las vías de comunicación, con poco tráfico a causa de la avanzada hora de la noche. Algunos de los pueblos por donde pasaba tenían casi todas las luces apagadas.

Estaba camino a Richmond; de alguna manera sabía que desde el momento de mi salida del hospital, me dirigía a Richmond... a una velocidad cien veces mayor que cualquier tren podía hacerlo.

De pronto me asaltó una duda... ¿Cómo podía yo estar seguro de que me desplazaba en dirección a Richmond? Solamente había viajado entre Texas y Virginia una vez, y en dirección opuesta; además la mayor parte del viaje lo hice en tren y de noche. ¿Qué me hacía pensar que podría hallar el camino de regreso por mí mismo?

Mientras pensaba esto, miré hacia abajo y pude distinguir un río muy ancho. También vi un puente alto y a lo lejos una gran ciudad en la dirección de mi marcha. Deseé descender y hallar alguien con quien hablar para saber dónde me hallaba.

Casi inmediatamente, experimenté que estaba descendiendo. Debajo mismo había un cruce de calles y un anuncio luminoso de neón azul que intermitentemente anunciaba: "Bar Cinta Azul". Era un edificio de una sola planta con un techo cubierto por tejas rojas. Otro letrero encima de la puerta decía: "Café". Las luces intermitentes del anuncio reflejaban el color azul sobre el pavimento de la calle.

Mientras miraba estos detalles me encontré que estaba de pie ante la puerta de ese establecimiento.

Lo curioso es que me sostenía en el aire a poca distancia del suelo y mi sensación era aún más extraña que cuando iba por los aires. No era cuestión de teorizar en aquel momento porque vi a un hombre, acercándose por la acera, que venía al bar. Al fin, pensé, podré hablar con alguien que me diga dónde estoy. En el mismo instante de pensarlo, como si mi pensamiento y mi acción fueran una sola cosa, me hallé caminando al lado del hombre y en la misma dirección que él. Iba de paisano, aparentaba unos cuarenta y cinco años, llevaba un abrigo, pero no sombrero. Resultó evidente que caminaba preocupado porque ni me miró, a pesar de caminar a su lado.

– Perdone usted –le dije–. ¿Podría decirme el nombre de esta ciudad?

Mi interlocutor continuó caminando normalmente.

– ¡Por favor, caballero! –insistí hablándole con un tono más enérgico–. Soy nuevo en este lugar y le ruego que...

Entretanto llegamos a la altura de la puerta del bar, y abriendo la puerta se metió adentro. ¿Sería sordo ese hombre? Levanté mi mano para tocarle el hombro.

Nada había allí.

De pie enfrente de la puerta, traté de agarrarlo del brazo, pero él simplemente desapareció cerrando la puerta tras de sí. Tuve la sensación que había tocado una corriente de aire... Sin embargo, estaba seguro de haberlo visto, recuerdo muy bien que tenía barba de un par de días.

Reflexioné sobre el inexplicable misterio de ese hombre "sin substancia" y me apoyé en un poste de telégrafos para pensar. Mi cuerpo pasó a través del poste como si yo mismo no hubiera tenido materia en mi cuerpo.

Allí, deambulando por las calles de una ciudad desconocida, recopilaba las últimas e increíbles experiencias sufridas. El hombre a la entrada del bar, el poste del telégrafo... ¿Tendría que suponer que todo ello era normal? ¿Y si fuera yo el que hubiera perdido mi materialidad? Mi capacidad de aprender las cosas, de hacer contacto con el mundo exterior. ¡Incluida la capacidad de ser visto! Fue evidente que aquel hombre no me vio ni pudo darse cuenta de mi presencia.

Al mismo tiempo, al recopilar los hechos, me acordé del sargento allí en el hospital. También él se comportó como si no tuviera la más mínima sensación de mi presencia al cruzarnos por el pasillo.

Si esos dos no han sido capaces de verme –los pensamientos me asaltaron–, ¿cómo podrán verme las demás personas cuando llegue a la Facultad de Medicina en la Universidad de Virginia? ¿Qué sentido podía tener esa prisa en llegar a Richmond, si a mi llegada nadie podrá relacionarse conmigo?

Al igual que en Navidad ¿qué sucedería si llegara a casa y nadie pudiera verme? Una terrible soledad me invadió. Debe haber alguna manera de recuperar esa... esa materialidad propia de todos los seres humanos. Esa propiedad que nos permite distinguir y ver y ser vistos.

De pronto me vino a la memoria el joven que había visto en la cama en aquella reducida habitación del hospital militar. ¿No sería aquel... yo? O de alguna forma ¿no sería, la materia, la parte visible de mi persona de la cual, de alguna manera inexplicable, me había separado?

¿Qué pasaría si aquella forma que dejé en el hospital de Texas fuera... mi propio cuerpo?

De serlo, ¿cómo podía recuperarlo, entrar nuevamente en él? ¿Por qué tuve que huir saliendo a una velocidad increíblemente superior a la de cualquier medio conocido?

Me hallé en movimiento de nuevo, a toda velocidad alejándome de aquella ciudad. Toda la sensación era de que estaba regresando al punto de origen. Pasé por encima del gran río. Evidentemente se me reproducía el camino recorrido, a una velocidad aún superior a la anterior. Montañas, lagos, granjas, iban quedando atrás en medio de una noche interminable.

Finalmente los árboles clareaban cada vez más y pude darme cuenta perfectamente de que tenía el paisaje desierto y sin agua de Texas, lo tenía de nuevo a mis pies. Los tejados inconfundibles de los cuarteles del campamento Barkeley, con sus estiradas siluetas de sombras proyectadas sobre el suelo nevado. Continuaba nevando. Me hallé de pie delante de la puerta principal del hospital de campaña.

Me di prisa en entrar. Allí estaban las oficinas donde me tomaron la filiación diez días atrás cuando llegué al campamento. Debió ser en plena noche porque todo estaba tenuemente iluminado. Todas las oficinas estaban cerradas. Miré a lo largo de un pasillo a mi izquierda y me paré al descubrir una salida con aspecto de ser el acceso a un comedor pequeño, quizás para el servicio. ¿A dónde estaría la pequeña habitación en donde me desperté temprano aquella misma madrugada?

Finalmente, después de recorrer varios pasillos más, llegué a una gran sala que me parecía familiar. Era un dormitorio con doce camas y doce personas durmiendo, pero éste no era el dormitorio que yo buscaba, tenía la seguridad de que el lugar donde yo estaba tenía una cama, colocada muy cerca de la puerta, estaba convencido de ello. Finalmente di con habitaciones de una sola plaza. Examiné tres de ellas. Solamente en una había un hombre estirado encima y con sus dos piernas dentro de unos aparatos de plástico.

Salí de nuevo al pasillo, sin saber en qué dirección caminar. ¿Dónde se hallaría aquella pequeña habitación? ¿En qué ala de aquel inmenso hospital podría hallarla?

Me devanaba los sesos tratando de recordar algo, alguna cosa, algún detalle que me ayudara a localizarla, pero no lo logré. Seguramente me introdujeron allí cuando estaba inconsciente, al desvanecerme en la sala de rayos X, y al despertar, con la obsesión de llegar a Virginia, salí sin mirar los detalles del lugar donde había estado. De todas maneras, en algún lugar entre los doscientos cuarteles que integraban el grandioso campamento, había una pequeña habitación, objeto de mi búsqueda e interés. Tenía que estar en uno de esos múltiples departamentos.

Desde aquel momento comencé la más extraña búsqueda de mi vida: la búsqueda de mí mismo. Velozmente iba pasando de uno a otro departamento de aquel enorme complejo; me paraba en cada uno de ellos, mirando a cada uno de los ocupantes de las respectivas camas. Había docenas de habitaciones individuales, cada una tan semejante a la otra que parecían idénticas, los armarios, los mismos muebles; de tal manera que no estaba seguro de examinar nuevos lugares o si pasaba por donde ya había estado antes.

Gradualmente me asaltó otro pensamiento alarmante.

Nunca, desde el comienzo de aquella extraña experiencia, me había visto a mí mismo.

Realmente no. Al menos de la manera que las personas pueden verse a sí mismas. Desde mi pecho hacia abajo podía distinguir mi figura normal, pero desde mis hombros hacia arriba –ahora me daba cuenta– poseía como una especie de imagen bidimensional, como si fuera una imagen distinguible estando frente a un espejo. Ocasionalmente como si se me representara una especie de disparo de flash, también para distinguir una figura de dos dimensiones solamente. Así era. Mi propia presencia "física" me era completamente desconocida.

Sabía muy bien cuál era mi altura y mi peso. Metro ochenta y setenta y seis kilos, estos datos los iba repitiendo mentalmente mientras trataba de identificar mi propio cuerpo. Pero ¿de qué me servirían estos datos a la hora de reconocerme tendido en una cama cubierto por una sábana? Allí había docenas, tal vez centenares de soldados con unas características físicas similares a las mías en cuanto a peso y altura. Todos ellos tenían más o menos mi edad, todos vistiendo el mismo tipo de pijama, debajo de mantas estándar del ejército, todos con el pelo cortado al mismo estilo.

La única orientación general a mi favor era que mi habitación estaba entre las tres individuales al final de cada uno de los departamentos generales. Pero en ese tipo de cuartos ya había visto a docenas de hombres durmiendo que tenían un aspecto similar a mí. Me daba la sensación de que me hallaba perdido dentro de un laberinto. ¿Cómo podría dar conmigo mismo? Quién sabe si había estado delante de mi cuerpo sin poderlo identificar debajo de las mantas unicolor.

Continué vagando por las salas, fijándome con atención en las camas, observando las caras, volviendo a comprobar. Aquella soledad experimentada en la desolada ciudad se había transformado ahora en un pánico inexplicable. Me encontraba aislado del mundo exterior, extraño a todo lo material en torno de mí, del mundo físico, y por si fuera poco... extraño a mi propia identidad.

Si distinguía un cuerpo corpulento, o unos cabellos rubios, o pecas en la cara, me precipitaba a observar, pero con la poca luz siendo de noche no resultaba fácil descubrir estos detalles. Me sentí sin fuerzas para continuar. Intenté apoyarme contra la pared (ya comenzaba a acostumbrarme que los objetos no me sostuvieran, pero la postura era un hábito), me estrujaba la memoria por hallar alguna señal, alguna característica física que pudiera diferenciarme de los demás soldados dormidos, todos ellos más o menos de veintiún años de edad. ¿No tendría alguna marca en mis manos, en mi cara? ¿Una verruga, tal vez, o una cicatriz?

El anillo con las letras Pi-Gama-Delta.

¡Naturalmente! Con la piedra oval de ónix negra y el aro de oro... ¿Cómo no se me había ocurrido antes? Me propuse repasar nuevamente los lugares donde había estado y especialmente examinar una cama donde había alguien que se me parecía. Así que continué la búsqueda deshaciendo el camino hecho primeramente.

Debe ser en esta dirección... me dije por intuición. Todo resultaba confuso otra vez ante las salas tan semejantes entre sí. Entré y salí repetidamente de las habitaciones, ahora solamente para detenerme a mirar si la mano izquierda estaba encima de las mantas. En más de dos ocasiones los brazos estaban metidos dentro de la cama y esperé pacientemente que el individuo cambiara de posición y sacara su brazo izquierdo de entre las sábanas.

En una ocasión me detuve largo tiempo ente la cama de uno que, al menos a la luz tenue, tenía unos rasgos en la cara, boca y mejillas que me recordaban a mi padre. Roncaba moderadamente durmiendo sobre su lado izquierdo. Llegó a moverse, pero escondió su mano izquierda debajo de la almohada, cuanto más lo miraba, más parecido físico a mí le encontraba. Una y otra vez quise levantar la almohada para verle la mano. Mis dedos solamente hacían contacto con el aire. Finalmente vi cómo alargaba el brazo, palpando agarró un vaso con agua y tomó unos sorbos. En su dedo pude comprobar que llevaba una alianza de casado.

Continué la búsqueda de habitación en habitación. Varios de los soldados ya estaban despiertos, mirando silenciosamente el techo mientras estaban tendidos en su cama, o fumando un cigarrillo. Otros se paseaban sin rumbo fijo por las salas, ellos eran los que en realidad me hacían sentir solo. Una cosa es entrar en una habitación sin ser notado por estar las personas durmiendo, y otra es ver gente a tu lado sin que den señal alguna de apercibirse de la presencia de uno. En mi deambular por los pasillos continuaba apartándome cuando me cruzaba con alguna enfermera o celador. Ya sabía que no podían colisionar conmigo, que no llegaríamos ni a tocarnos, pero de todas maneras el pensamiento de que otra persona podía ocupar el mismo lugar que yo, no era fácil de asimilar.

Finalmente, después de recorrer varias salas, llegué al departamento de rayos X. El técnico con bata blanca que se había cruzado conmigo no hacía mucho estaba sentado en un despacho examinando un montón de expedientes sujetos con unas grapas. Este era el último ser humano que me había dirigido la palabra.

– ¡Míreme! –le grité–. ¡Estoy aquí, de pie a su lado!

En ese momento, destapó su bolígrafo y marcó con una señal algunos de los papeles que estaba examinando, sin el menor acuse de recibo.

¿Habrían transcurrido solamente algunas horas desde que fui introducido en esta habitación por los camilleros? No, ya hacía semanas de ello. O tal vez... años. O... solamente minutos. Todo era tan extraño para mí con relación al tiempo y al espacio, a la velocidad, a la materialidad de las cosas. Nada era determinante ya para mí. Tan diferente al mundo donde todo está supeditado y relacionado con el tiempo-espacio-materia. Perdí la noción de si mis experiencias acababan de suceder en aquel instante o hacía años que habían tenido lugar.

Me resistía a abandonar la compañía de aquella persona, la única que había reconocido hasta aquel momento. Eventualmente, después de un tiempo que no puedo precisar, me hallé de nuevo deambulando por los pasillos. Más salas, más grupos de doce camas, más mesitas de noche adosadas a la pared, tres oficinas al final de cada nave, tres personas trabajando dentro de ellas. Hombres acostados durmiendo, otros paseando aburridos, otros con cara de asustados. Pero en ninguno de ellos pude distinguir un anillo como el mío colocado en su mano.

En un rincón había un joven llorando. De añoranza, seguramente. Más de uno entre nosotros llorábamos cuando nadie nos podía ver, especialmente cuando se acercaban las Navidades. En la habitación siguiente, nadie. Otra cama estaba sin sábanas, nadie en ella.

Me detuve sobresaltado. Había un tercero en otra cama, pero tenía la sábana echada hasta cubrirle la cabeza, sólo sus brazos se veían estirados sobre la manta. Muy rígidos, rectos, con una postura poco natural, las palmas de las manos hacia abajo...

En el tercer dedo de la izquierda tenía un anillo de oro con una piedra ovalada negra de ónix.

# V

Lentamente avancé, mis ojos fijos en aquella mano. Todo ello resultaba caracterizado por algo terrible. A pesar de la poca luz en la habitación podía distinguir muy bien el color de la piel, tan blanco, demasiado blanco para ser natural. ¿Dónde había visto yo una mano semejante a esa? Pronto recordé: las manos del abuelo Dabney colocado dentro de su féretro en Moss Side.

Me volví mirando a la puerta. ¡El hombre en aquella cama estaba muerto! Me sentí con la misma incomodidad de la primera vez que entré en una habitación donde reposaban los restos de un muerto. Pero... si aquel es mi anillo, –entonces era yo–, la otra parte de mi yo, separada de mí, tendida debajo de aquella sábana. Por lo tanto aquello indicaba que yo estaba...

Esta fue la primera vez durante aquella sorprendente experiencia que la palabra "muerte" me vino a la mente relacionándola con todo lo que estaba sucediendo.

Pero ¡yo no estaba muerto! ¿Cómo podía estar muerto y al mismo tiempo despierto? Pensando. Experimentando. La muerte era completamente diferente. La muerte era... ¿Sabía yo qué cosa era la muerte? La inconsciencia. La nada.

Pero allí estaba yo, completamente despierto, pero sin cuerpo físico con el que expresarme o funcionar.

Traté frenéticamente de retirar la sábana para descubrir el cuerpo cuya mano llevaba mi anillo. Todos mis esfuerzos no llegaron ni a mover el aire de la pequeña habitación.

Finalmente, en mi desesperación, me hundí en la cama. O al menos mentalmente: de hecho mi ser incorpóreo no llegó a experimentar ningún contacto con el cuerpo tendido en la cama. Allí mismo, junto a mí, pude ver mi propia forma y sustancia material, pero de una manera distante, como si ambos viviéramos en dos planetas distintos. ¿Sería eso la muerte? ¿Esta separación de las dos partes en la persona?

No puedo estar seguro de cuándo la luz comenzó a cambiar dentro de la habitación donde me hallaba; repentinamente me di cuenta de que se volvía más brillante, mucho más intensa que nunca. Miré la lamparita encima de la mesita de noche. ¿Cómo era posible que una bombilla de 15 vatios pudiera producir una luz tan intensa?

Quedé como extasiado contemplando aquella maravillosa luz que iba en incremento sin proceder de ninguna parte, como si brillara por todas partes a la vez. Ni aún todos los puntos de luz en la sala iluminada a la vez podrían producir tal intensidad. Era algo inexplicable, una brillantez diferente a todo lo conocido: como si un millón de soldadores eléctricos hubieran estado centelleando a la vez. En medio de mi admiración me vino un prosaico pensamiento, probablemente como una reacción inconsciente motivada por las clases de biología del último curso en la universidad:

– Me alegro de no tener ojos físicos en este momento, –pensé. – Esta luz destruiría mi retina en menos de una décima de segundo.

– No, –rectifiqué yo mismo– no es una luz.

Es Él.

Era Él a quien no podría resistir mi retina. Ahora sabía que no se trataba de una luz, sino de una persona que había entrado en la habitación, o mejor expresado, un Hombre hecho de luz, aunque parecía tan imposible a mi mente como increíble aquella intensidad luminosa de la cual Él estaba hecho.

En el preciso momento que comprendí el significado personal de aquella luz, una orden surgió dentro de mi propia mente. ¡Levántate! Las palabras nacían desde mi profundo yo, y al mismo tiempo se me presentaban revestidas de una autoridad como nunca jamás había sentido. Me puse de pie y sentí una profunda convicción:

– Estoy en presencia del hijo de Dios.

Otra vez, el concepto parecía formarse dentro de mí, pero no como un pensamiento especulativo. Era una especie de conocimiento, inmediato y completo. Sabía y se me representaban otros hechos acerca de Él también. Por ejemplo, que se trataba del Ser varonil más completo que jamás había conocido. Si este era el Hijo de Dios entonces su nombre era Jesús. Pero... éste no era el mismo Jesús del que me habían hablado en las clases de Escuela Dominical. Aquel Jesús era gentil, amable, comprensivo y probablemente un poco blanducho. El Jesús que estaba delante de mí era todo poder, anterior al tiempo y al mismo tiempo joven y actual, como el hombre más moderno que había conocido.

Por encima de todo, y con la misma misteriosa certeza interior, sentía que aquel Hombre me amaba. Mucho más poderoso que la misma potencia emanante de su Presencia, era ese incondicional amor. Un amor sorprendente, inconmensurable. Un amor más allá de toda comprensión humana, imposible de imaginar. Aquel amor, sabía de todas las cosas no merecedoras de amor en mí –las peleas con mi madrastra, mi explosivo temperamento, mis pensamientos incontrolados en cuanto al sexo, cada pensamiento egoísta y bajo, cada acción llevada a cabo desde mi nacimiento– y a pesar de todo yo sentía con una intuición inexplicable que Él me amaba tal como era.

Al afirmar que Él sabía todos los detalles de mi vida, sólo lo digo como una observación de los efectos de los que pude darme cuenta, pues dentro de aquella habitación, junto a Su radiante presencia –de forma simultánea– había penetrado cada episodio y cada secuencia de mi vida entera. Todas y cada una de las cosas que me habían sucedido estaban allí, como en una vista panorámica única, como si todo se estuviera representando y al mismo tiempo.

Cómo aquello fue posible, no lo sé. Nunca antes había experimentado una situación especial semejante. El pequeño cuarto con una sola cama continuaba siendo visible ante mí, pero sin que aquello fuera causa de limitación alguna. Al contrario, por todos los lados parecía como si quedasen reflejadas como en enormes murales las escenas que contemplaba, con la excepción de que las figuras eran tridimensionales, accionando y hablando.

Y muchos de aquellos personajes me representaban a mí mismo. Como traspuesto, me quedé mirándome de pie ante una pizarra del colegio estando en el tercer grado de primaria. Luego en el momento que recibí la primera graduación de boy scout. Empujando el cochecito del abuelo en el mirador de la finca de Moss Side. Incluso me vi recién nacido con mis escasos dos kilos de peso respirando con dificultad en una incubadora. Simultáneamente (tenía la sensación de que no existía ni antes ni después) me vi levantado en las manos del médico cuando me sacaba del seno de mi madre después de una operación de cesárea, y vi a una mujer joven cuando moría de parto, a mi madre, a quien mis ojos nunca llegaron a poder ver.

Me vi unos meses más tarde, sentado sobre las rodillas de una mujer con rostro amable y cariñoso, llevaba unas gafas ribeteadas con unos adornos plateados y tenía una nariz algo torcida. La niña de unos tres años de edad jugando en el suelo junto a nosotros debió ser mi hermana Mary Jane, aunque naturalmente yo no podía identificarla siendo un bebé de meses. Pero la Srta. Williams tenía el mismo aspecto de como la recordaba ya mayor. Ella apareció en muchas otras escenas, con un sentimiento casi desconocido por mí, me di cuenta de lo mucho que llegué a quererla.

También presencié la escena del momento cuando mi padre nos presentó a una joven morena y delgada, viviendo en la casa de campo en Moss Side: la mujer con la que se casó más tarde. Vi a mi hermana Mary Jane el día en que nos trasladamos a la nueva casa del número 4.306 de la Brook Road; me vi mirando por la ventana del comedor atemorizado y sin valor para salir a la calle por miedo a los otros chicos del barrio.

Junto con los episodios alegres había otros tristes. Vi como un chico mayor que yo me pegaba y cuando mi hermana, no pudiendo resistir mi humillación, me defendió valientemente. Me vi, como tantas veces llorando, al decir adiós a papá cuando se ausentaba a causa de su trabajo y no volvía hasta pasados varios días o varias semanas.

Me di cuenta de las muchas tonterías cometidas, como por ejemplo cuando le volvía la cara a mi madrastra cuando quería darme un beso a la hora de acostarme, experimenté el mismo pensamiento que pasaba por mi mente en aquellos momentos: – No voy a permitir que me mime esta mujer que no es mi madre. Mi madre murió. La Srta. Williams se fue. Si llego a amar a esta persona, ella también se marchará–. Pude verme a la edad de diez años, de pie en el comedor y mirando por la ventana cuando papá trajo del hospital a mamá con un nuevo hermano, Henry.

Me acuerdo que antes de verlo ya había decidido que no sería de mi agrado aquel intruso en nuestra familia.

Se representaron otras escenas, cientos, miles de ellas, iluminadas por la presencia de la Luz, existiendo todas ellas como si el tiempo nunca hubiera dejado de transcurrir. Hubiera necesitado largas semanas en condiciones normales, solamente para poder mirar durante un segundo cada una de las imágenes que pasaron delante de mí, y sin embargo, tenía la sensación de que habían transcurrido solamente unos minutos.

Contemplé todos los detalles de cuando nos trasladamos de casa, tenía doce años, y fuimos a vivir al Oeste de Richmond. Vi la bicicleta nueva que mis abuelos me regalaron, me pude ver montando en esa bicicleta y cruzando el puente sobre el ferrocarril para llegar hasta Moss Side.

Vi aquella tarde, cuando regresando a casa desde Moss Side hallé, tirado en el suelo, los restos de mi modelo de aeroplano gigante que me había construí-do de madera blanca. El paciente trabajo de horas y horas hecho añicos en manos de mi hermanastro Henry. Vi con qué rabia fijé mis ojos en él y todos los pensamientos odiosos que pasaron por mi mente en aquel entonces.

Pasaron por delante de mí escenas de mis años en la Universidad, mis salidas con las chicas, los exá-menes de química, las competiciones deportivas, me veía a mí mismo entrando por los pórticos de la Uni-versidad de Richmond. Como una constante en mi vida podía distinguir mi postura de enfrentamiento con mi madrastra, con mi hermanastro Henry, in-cluso con el pequeño Bruce Gordon. Vi a mi padre regresando a casa con su uniforme de oficial del ejér-cito, me pude ver a mí mismo yendo a la oficina de reclutamiento a la hora de alistarme voluntario para el servicio militar. Contemplé el momento de pasar revista en el campamento Lee, donde juntamente con cientos de otros reclutas nos prepararon para tomar el tren hacia el campamento Barkeley en Texas...

Cada detalle de mis veinte años de vida estaban expuestos para ser vistos en un momento. Lo bueno, lo malo, las cosas más importantes, las trivialidades, lo normal y lo extraordinario. Y en medio de esta vi-sión inclusiva vino una pregunta. Estaba como im-plícita en cada escena, y como las escenas mismas, parecía proceder de aquella Luz viviente a mi lado.

¿Qué hiciste en tu vida?

No se trataba de una pregunta en el sentido de que Él necesitara información, ya que todo lo hecho durante mi vida estaba allí delante claramente expuesto. De todas maneras aquella recopilación de mi existencia procedía de Él, no de mí mismo. Yo no hubiera sido capaz de acordarme ni de una décima parte de todo lo que me fue mostrado.

¿Qué hiciste en tu vida?

Era una pregunta relacionada con valores, no con hechos: ¿Qué has logrado hacer con el precioso tiempo que te ha sido concedido? Y con esta pregunta resonando continuamente, aquellos eventos reflejando mi juventud carecían de valor y significado. ¿Acaso no había logrado hacer nada importante? Con desesperación miré a mi entorno para hallar alguna acción de valor a la luz de aquella radiante realidad.

No había pecados espectaculares, los normales de un joven en edad de tentaciones del sexo. Pero si en verdad no había horrendos crímenes, tampoco pude descubrir algo de un valor destacable. Si algo sobresalía era un determinado interés en mí mismo, un interés en todo lo personal, encerrado en mis conveniencias.

¿Era verdad que no había sido capaz de ir más allá de mis inmediatos gustos? ¿Nada había emprendido en favor de las demás personas? Finalmente pude localizar el momento de más satisfacción en toda mi vida:

¡Llegué a recibir un diploma de honor de boy scout!

Una vez más unas palabras emanaron desde adentro de mí mismo procedentes de la Presencia a mi lado:

Eso te glorificó a ti.

Era cierto. Pude verme en el centro del círculo de las escenas, halagado y orgulloso, disfrutando de las miradas admiradas de mis amigos y familiares. Yo, yo y siempre yo, estando en primer lugar. ¿No había algún momento en mi vida en el que cedí el puesto de importancia a otra persona?

Me vi entrando en la iglesia cuando tenía once años, aquel día le pedí a Jesús que fuera Señor de mi vida. Vi también con qué facilidad aquella primera emoción se convirtió en una rutina sin mucho sentido, quedando en un ir-cada-domingo-a-la-iglesia. Es más, pude distinguir mi presunción y propia estima al participar en los servicios religiosos. Yo era mejor que aquellos jovencitos que no frecuentaban mi iglesia. Incluso era mejor que muchos de los que como yo, eran ya miembros de la comunidad. Para probarlo, allí estaba mi premio por haber asistido todo el año a la Escuela Dominical con aprovechamiento.

Se me representaron los primeros años del bachillerato, cómo me sentía pensando que llegaría a ser médico y podría ayudar a los enfermos. Pero junto con las horas de clase, vi también las escenas con el soñado cadillac y mi avioneta deportiva –mis pensamientos eran tan reales como los hechos, podríamos llamar históricos– ante la luz reveladora de mi vida.

Y siempre estaba aquel interrogante delante de mí.

¿Qué he hecho yo en favor de los demás? ¡Me daba cuenta de esa injusticia!

¡Naturalmente que no había conseguido aún nada importante en mi vida! ¡La explicación es que no había tiempo! ¿Cómo se me podría juzgar si aún no había comenzado?

Siguió un pensamiento como respuesta a mi interrogación, pero sin tono de recriminación. Muerte, la palabra fue recibida como pronunciada con infinito amor, la muerte puede venir en cualquier momento, a cualquier edad.

Por supuesto. Yo sabía que mueren los bebés y los niños pequeños. Pero siempre di por sentado que yo moriría cuando mi vida hubiera transcurrido hasta llegar a una edad normal.

¿Qué hay del dinero que debería percibir del seguro de vida cuando llegue a los 70 años? Estas palabras vinieron a mi mente de aquella manera tan rara, por medio de un sistema de comunicación del pensamiento en vez de sonidos audibles, pero evidentes y claros. Hacía solamente unos meses que había firmado una póliza de seguro ofrecida a los soldados y en algún rincón de mi inconsciente había llegado a creer que aquel trozo de papel me aseguraba la vida.

Simultáneamente con este pensamiento distinguí una mirada de comprensión y alegría en la Presencia a mi lado, que me hizo sentir seguro: su radiante aspecto me estremecía, pero había como una sonrisa santa en Él, nada semejante a la burla, ni amenazante tampoco, sino jovial, que parecía decirme que en medio del error y la tragedia existía un gozo y una alegría sin fin.

En medio de aquel éxtasis y de aquella sonrisa, me di cuenta de que era yo quien valoraba los eventos mostrados a mi alrededor. Era yo mismo quien los juzgaba triviales, egoístas, sin importancia. La condenación no procedía de la Gloria brillando a mi alrededor.

No era Él quien reprochaba mis actos. Él simplemente... me amaba. Llenando todo el Universo con Su propia Persona y sin embargo ayudándome a mí personalmente. Esperando mi respuesta a la pregunta que aún estaba meciéndose en el aire.

¿Qué puedes mostrarme que hayas hecho en tu vida?

Pronto comprendí que en mis esfuerzos para presentar un argumento impresionante como respuesta, incurría en un gran error. Él no me pedía hazañas ni grandes logros.

Su pregunta, como todo lo que procedía de Él estaba relacionada con el amor. ¿Cuánto has amado durante tu vida? ¿Has amado a las demás personas como yo te he amado a ti? ¿Totalmente? ¿Incondicionalmente?

Prestando atención a una pregunta como esta, comprendí cuán fuera de lugar estaba el tratar de hallar una respuesta entre las escenas representadas a mi alrededor. ¿Por qué ignoraba yo que tal amor era posible? ¡Alguien debería habérmelo explicado, pensé con indignación! Me desesperaba hallarme a la hora del examen final, ante un tema sobre el cual nunca había sido instruido. Si este era el caso, ¿por qué no me había sido enseñado?

A pesar de que todos estos pensamientos no eran más que una pretendida excusa y un sentimiento de autocompasión, la respuesta que me vino, vía pensamiento, no contenía represión alguna, solamente una especie de sonrisa celestial detrás de las siguientes palabras:

Yo te lo dije.

¿Pero cuándo?, dije tratando aún de justificarme: ¿cómo pudo Él habérmelo dicho sin que yo lo recordara?

Te lo dije con la vida que viví. Te lo dije con la muerte con que morí. Y, si continuas con tu vista fija en mí, aún lo comprenderás mejor...

Con sorpresa vi que nos habíamos puesto en movimiento. No me había dado cuenta de que ya no estábamos en el hospital, ahora nada había al alcance de nuestra vista. Las escenas vivientes de mi vida llenando el espacio a mi alrededor se habían desvanecido: en su lugar parecía como si nos hallásemos por encima de la Tierra, viajando a gran velocidad hacia un distante y pequeño punto de luz.

La sensación era diferente al viaje experimentado previamente, cuando me hallaba fuera del cuerpo. Entonces mis propios pensamientos me obsesionaban. Entonces me parecía que rozaba la superficie de la Tierra. Ahora estábamos a más altura, nos movíamos más rápidamente; y mis ojos estaban fijos en Él, al mismo tiempo que Él dirigía, aquella manera de moverse ya no era extraña para mí, ni alarmante.

Aquel minúsculo punto de luz se transformó en una gran ciudad, hacia la cual me daba la sensación que íbamos descendiendo. Era aún de noche, pero el humo ascendía de las chimeneas instaladas en las industrias y muchos edificios tenían luces encendidas en varias de sus plantas. Había un mar o un gran lago más alla de aquellas luces; podría haber sido Boston, Detroit o Toronto, pero ciertamente un lugar desconocido completamente para mí. Sin embargo, fue evidente que me hallaba ante calles llenas de gente, donde varias industrias estaban funcionando a todo rendimiento, fabricando material de guerra, día y noche.

La gente se hacinaba por las calles. Luego vimos el interior de una de las factorías, también repletas de personal, cruzándose en su camino sin mirarse ni saludarse entre sí. Dentro de una de las oficinas –donde podía ver todos los movimientos como en la misma calle– había muchas máquinas automáticas y mucha gente en los despachos. En un departamento vi a un hombre con sus grises cabellos, sentado en un ancho sillón, dictando una carta ante un cilindro que iba grabando sus palabras. De pie a su lado, a menos de cinco centímetros, otro hombre, como unos diez años mayor, iba recogiendo aquellos cilindros tan pronto como el primero los iba imprimiendo.

– ¡No! –le estaba diciendo–, si solamente pides cien gruesas las facturarán a más alto precio. Pide mil gruesas a la vez. La casa Pierce te hubiera hecho mejores condiciones comerciales. ¿Por qué enviaste a Bill para la operación Treadwell?– Y continuó más y más, corrigiendo, dando nuevas órdenes, mientras aquel hombre sentado en el amplio sillón parecía que no lo veía ni lo escuchaba.

Me fijé en este fenómeno repetidamente, gente y más gente que parecía existir sin tener ninguna sensación de los demás en su entorno.

Vi a un grupo de trabajadores, juntos en una cantina tomando café. Una de las mujeres pedía a otra un cigarrillo, de hecho le estaba rogando que se lo diese, con tal vehemencia que parecía desearlo como nada en el mundo. Pero la otra, charlando con sus amigos, la ignoraba por completo. Sacó un paquete de cigarrillos de su monedero, lo abrió con toda naturalidad, y sin ofrecerle uno a quien se lo estaba pidiendo con desesperación, lo encendió y volvió a esconder su paquete. Tan rápido como si se tratara del movimiento de una serpiente, la mujer a quien se le había negado el cigarrillo se tiró para arrebatárselo de la boca a la otra. Lo probó una segunda vez. Y otra... sin éxito.

Exclamando un grito de rabia y reconociendo su impotencia, vio que sus manos no podían arrebatarle el codiciado cigarrillo.

En seguida me acordé del muchacho apoyado en el poste de teléfonos. De la sábana en la cama del hospital. Me acordé del hombre a quien llamé a gritos y nunca se volvió a mí para mirarme. Me di cuenta del porqué en aquella ciudad había tantas personas que se cruzaban sin mirarse y por qué muchos se esforzaban inútilmente en llamar la atención a otros transeúntes. En realidad muchos de ellos ni ocupaban espacio ni eran vistos por los demás. No había duda, todos aquellos individuos se hallaban en la misma situación de inmaterialidad que yo mismo.

Como yo, efectivamente, ellos también estaban muertos.

Pero todo aquello era diferente a como yo me había imaginado la muerte. Me detuve observando a una mujer que aparentaba unos cincuenta años, siguiendo a un hombre más o menos de la misma edad por una calle. Ella tenía un aspecto mucho más vivaz, accionaba exageradamente y resbalaban lágrimas por sus mejillas. Por otra parte, el hombre a quien ella se estaba dirigiendo con un lenguaje tan descriptivo, ignoraba por completo su existencia.

– ¿No te das cuenta de que no duermes lo suficiente? Marjorie, estás exigiendo demasiado de tu vida. Ya sabes que nunca has tenido mucha salud. ¿Por qué no te pones una bufanda? No deberías haberte casado con una mujer que solamente piensa en ella misma.

Siguió hablándole más y más, y por el carácter de sus observaciones pude deducir que se trataba de su madre, a pesar de que ambos tenían la apariencia de tener la misma edad. ¿Por cuántos años había estado aquella mujer siguiendo a su hijo, en aquellas condiciones? ¿Acaso aquello era la muerte, quedarse permanentemente al lado de los vivos sin ser vistos por ellos, y sin embargo hallarse continuamente atormentado por sus problemas?

*"¡No os hagais tesoros en la tierra! Porque donde estuviere vuestro tesoro, allí estará también vuestro corazón".*

Nunca tuve gran habilidad para recordar textos bíblicos, pero esas palabras de Jesús, pronunciadas durante el Sermón del Monte, vinieron de pronto a mi mente como una especie de sacudida eléctrica. Tal vez esas personas inmateriales –el hombre de negocios, la mujer pidiendo un cigarrillo, aquella madre– a pesar de que no les era posible establecer contacto con la Tierra, continuaban con sus corazones apegados a ella. ¿Y en cuanto a mí? Con verdadero terror me acordé de los trofeos ganados siendo Scout, de mi entrada en la escuela de medicina... ¿Habría también yo centrado mi corazón y mi ser en las cosas materiales solamente?

Fija tus ojos en Mí, me había dicho Jesús cuando comenzamos aquel extraordinario viaje. Cuando lo hacía, siempre que mantenía mi vista en Él, el terror desaparecía, si bien la terrible pregunta quedaba en pie. Sin su presencia, no hubiera podido resistir las escenas que me estaban presentando. Tan rápidos como el pensamiento viajamos de ciudad en ciudad, aparentemente por partes de la Tierra –Estados Unidos y posiblemente Canadá– lugares normales, a no ser por los miles de seres no físicos a quienes podía observar moviéndose en este "espacio normal". Dentro de una casa vi a un hombre joven siguiendo a otro de más edad, de habitación en habitación.

– Lo siento, papá –iba repitiendo una y otra vez–. ¡Yo no sabía que esto le sucedería a mamá! No podía imaginármelo nunca.

En cuanto a mí, podía oírlo claramente, pero resultaba evidente que al hombre a quien el joven se dirigía no le era posible percibir ni su voz ni su presencia. El anciano padre estaba entrando una bandeja donde una anciana se hallaba recostada en una cama. – De veras lo siento, papá–, el joven continuaba explicando otra vez. – Lo siento mucho, mamá–. Se lo repetía sin parar, y las palabras no significaban nada para los vivos.

Desolado me volví para mirar a la luz junto a mí. Pero aunque sentí su profunda compasión, fluyendo como un torrente dentro de aquella habitación delante de nosotros, no pude comprender el porqué de todo aquello.

Varias veces me hizo detener ante escenas semejantes. Vi a un muchacho siguiendo a una joven de unos diecisiete años por los pasillos de la Universidad. – ¡No sabes cuanto lo siento, Nancy!

Una mujer de mediana edad pedía con desesperación a un hombre con el pelo gris que la perdonara.

– ¿Por qué todos piden perdón y excusas? –pregunté a Jesús–. ¿Por qué continúan hablando a las personas que no pueden escucharlos?

Seguidamente, de la Luz a mi lado me vino el pensamiento:

Todos ellos son suicidas, encadenados por las propias consecuencias de su acción.

La idea me sobresaltó, a pesar de saber que provenía de Él y luego ya no vi más escenas como aquellas, ya había asimilado las verdades que Él se proponía enseñarme.

Gradualmente comencé a notar algo más. Todas las personas vivas a quienes estábamos viendo tenían como una especie de nube luminosa y tenue alrededor de sus cuerpos, así como un campo magnético envolviendo su físico. Esta luminosidad se trasladaba al compás que ellos se movían, como si fuera una segunda piel, hecha de una claridad escasamente visible a simple vista.

Primeramente, pensé que se trataba de una luminosidad reflejada, procedente de la persona a mi lado. Pero los edificios y los objetos a nuestro entorno no reflejaban luz de ninguna clase. También me di cuenta que los cuerpos no físicos, carecían de tal fenómeno. Mi propio cuerpo no sólido, podía comprobarlo, tampoco tenía aquella brillantez característica de los vivos.

Fue en este punto cuando la Luz me introdujo en un tenebroso bar instalado en una sucia sala, cerca de lo que parecía una amplia base naval. Numerosas personas, muchos de ellos marineros, estaban sentados a la barra, mientras que otros tantos se hallaban en grupos dentro de reservados adosados en ambos lados de las paredes. Si bien algunos tomaban cervezas, la mayoría de ellos tragaban un whisky detrás de otro, de tal manera que los sudorosos camareros apenas podían dar abasto en servirles tan abundante bebida.

Entonces me di cuenta de algo sorprendente. Varios de los hombres de entre los que se apoyaban en la barra, daban la sensación de no poder levantar el vaso para llevarlo hasta la boca. Me detuve por largo tiempo, observando cómo intentaban agarrar el vaso de quienes estaban bebiendo, sus brazos confluyendo con los de los otros sin lograr su propósito de beber como los demás.

Era evidente que aquella envoltura de luz era una propiedad que solamente tenían los cuerpos físicos. Los muertos, nosotros, los que habíamos perdido nuestra solidez, habíamos perdido también aquella "segunda piel" que nos caracterizaba en vida. Era obvio también que las personas vivas, las que tenían la aureola en torno suyo, los que efectivamente estaban bebiendo, muchos de ellos ya borrachos, no podían darse cuenta de los sedientos cuerpos no físicos, quienes desesperadamente se hallaban en medio de ellos, ni podían ver como una y otra vez trataban de arrebatarles los vasos de alcohol. (Si bien resultaba claro cuando yo los observaba, que las personas no sólidas tenían la capacidad de verse y escucharse entre sí. Frecuentemente discutían entre ellos sobre las copas que ninguno de ellos pudo jamás acercar a sus labios.)

Me acordé de haber visto personas beber en las fiestas de amigos en Richmond, pero la manera en que paisanos y militares estaban bebiendo en aquel bar, no tenía comparación con lo conocido por mí. Me fijé en un joven marinero, se levantó de su asiento un tanto inseguro, dio dos o tres pasos y cayó redondo en el suelo. Dos de sus compañeros lo cargaron a espaldas y lo sacaron del medio del bullicio.

Pero esto fue lo que vi: mis ojos fijos en el marino observaron cómo la aureola alrededor del joven inconsciente se abría. Lo abandonaba como esfumándose desde su cabeza, por encima de sus hombros. Instantáneamente, con una rapidez extraordinaria, uno de los seres inmateriales que había estado con él, junto a la barra del bar, se situó encima del marino. Por un tiempo había estado como revoloteando sobre él, como una sombra sedienta, siguiendo cada movimiento de sus manos cuando acercaba la bebida a su boca para tragarla. Ahora daba la sensación de que asaltaba al hombre, como lo haría una bestia salvaje al atacar a su presa.

Al siguiente instante, en medio de tan sorprendente mistificación, la figura que atacaba al inmóvil marinero se desvaneció. Todo ello tuvo lugar antes de que sus dos compañeros lo arrastraran sin conocimiento, debajo de los pies de quienes continuaban bebiendo en el mostrador. Durante un minuto pude ver a los dos individuos; al tiempo que ponían de pie contra la pared al borracho, solamente pude distinguir a uno de ellos.

Por dos veces consecutivas, ante mi estupefacción, la misma escena se repitió ante mis ojos. Finalmente el hombre murió; por la apertura aparecida sobre él en su aureola, penetró uno de los seres no materiales, así como si tratase de embutirse dentro del que acababa de expirar.

¿Acaso sería aquella luz en torno del hombre como una especie de casco? ¿Era la protección de los vivos contra... contra los cuerpos descarnados como el mío propio? Pude suponer que aquellas criaturas sin sustancia, habían poseído un cuerpo sólido, tal como yo lo había tenido.

Supuse que, cuando ellos disfrutaron de su propio cuerpo, habían caído en la dependencia del alcohol hasta un grado más allá de los efectos físicos, afectando la mente o incluso al mismo espíritu. Entonces, al perder su cuerpo material, se vieron privados por toda la eternidad de poseer las cosas de las cuales no podían prescindir... excepto que ellos pudiesen entrar de nuevo en posesión de otro ser.

Una eternidad en estas condiciones –este pensamiento me estremeció– sin duda debe ser una forma de existir en el infierno. Siempre que me había imaginado el infierno, si en alguna ocasión pensé en ello, calculé que sería algún lugar debajo de la tierra, donde los hombres perversos como Hitler sufrirían el fuego eterno. Pero ¿y si una de las zonas del infierno existiera aquí mismo, en la misma superficie terrestre? Un lugar invisible e insospechado por todos los vivientes, que ocupan el mismo lugar sin saberlo. ¿Qué sería ese lugar, si en realidad se hallara en nuestro mismo planeta, pero sin la posibilidad de tomar contacto con las personas y las cosas existentes? Pensé en aquella madre cuyo hijo no podía oírla a pesar de gritarle al oído. En la mujer que tanto deseaba un cigarrillo. Pensé en mí mismo, en mi ansiedad por llegar hasta Richmond, en mis esfuerzos para lograr contacto con las personas que se cruzaban en mi camino, pidiendo ayuda sin que nadie se fijara en mí. El no poder alcanzar nada de lo deseado, el hallarse sin posibilidad de salir de un estado irreal... todo esto podría ser un auténtico infierno.

No "podría ser", me di cuenta de que era en realidad así. Esto era el infierno. Yo mismo me hallaba como siendo parte de ello, en medio de las demás criaturas descarnadas a mi alrededor. También yo había muerto. También yo me hallaba sin cuerpo físico. Existía en un mundo que no respondía a mi naturaleza ni a mis estímulos...

Pero si esto es el infierno, si aquí no hay esperanza, entonces ¿cómo es que Él está a mi lado? ¿Por qué mi corazón saltaba de gozo cada vez que fijaba mi mirada en Él? Porque Él continuaba siendo el personaje central y el guía de aquel impresionante viaje. Todas las fuertes impresiones y sorpresas eran eclipsadas por la maravillosa presencia de quien me acompañaba. Él mismo me causaba la consoladora sensación de haberme enamorado de Él. Mirara donde mirase, Él permanecía como centro de mi atención. De todas las cosas que pude percibir, ninguna era comparable a Su majestad.

Una cosa me resultó sorprendente. Si yo tenía la capacidad de verlo a Él ¿cómo es que los demás no tenían conciencia de Su presencia? Cierto que Su resplandor era demasiado intenso para ser apreciado por los ojos humanos. Pero los seres vivos al lado de quienes nosotros pasábamos, habían de experimentar el amor que fluía de Él hacia cada uno de ellos, con la intensidad de un gran fuego.

¿Y en cuanto a los otros, los que como yo carecían de cuerpo físico y no tenían ojos carnales?, ¿porqué no percibían el ardiente Amor y la fuerza de Su compasión en medio de ellos, como yo lo podía experimentar? ¿Cómo era posible que les pasara desapercibido Aquel que era más brillante que el sol del mediodía?

A no ser que...

Por primera vez en mi vida, se me ocurrió pensar si en realidad algo infinitivamente más importante de lo que yo jamás había considerado pudo haber sucedido aquel día, cuando a los once años de edad di unos pasos hasta presentarme ante el púlpito de la iglesia. ¿Sería posible que yo, en algún sentido, pero de manera real, hubiera "nacido de nuevo", y que en aquella memorable ocasión –tal como el predicador dijo– me habían sido dados unos nuevos ojos, a pesar de lo poco que yo había comprendido por mi escasa edad y lo poco consecuente que fui después con mi decisión?

O bien, ¿es que estas otras personas podrían haberlo visto a Él también, si su atención no estuviera centrada solamente en el mundo físico que habían perdido, sin posibilidad de recuperarlo? "Donde esté vuestro corazón..." Mientras mi corazón estaba obsesionado en llegar a Richmond para una fecha determinada, tampoco a mí me había sido dado ver a Jesús. Tal vez el centrar nuestro interés y atención en nuestro propio beneficio, nos priva de verlo a Él.

Otra vez experimenté que continuábamos viajando. Dejamos atrás la Base Naval con su conjunto de barrios bajos y bares sucios. De momento me hallé de pie, en esta dimensión donde el viajar parecía no necesitar tiempo ni medios para realizarlo, llegamos al borde de un ancho y llano valle. Hasta aquel momento habíamos visitado lugares donde los vivos y los muertos convivían codo a codo. Donde los seres inmateriales, completamente invisibles para los otros, revoloteaban por encima de los que tenían cuerpo y cerca de los objetos físicos que cautivaban su atención.

Ahora, sin embargo, aunque aparentemente nos hallábamos en algún lugar de la superficie de la tierra, no podía distinguir ningún hombre o mujer en la escena. Aquella extensa llanura estaba abarrotada, hasta el punto de no caber uno más, de seres descarnados, fantasmagóricos; por ningún sitio se podían ver personas físicas, rodeadas de aureolas como había visto antes. El conjunto de esas miles de "personas" eran inmateriales como yo mismo. Todos ellos evidentemente frustrados; nunca en mi vida había visto personas tan violentas, tan miserables en todos los sentidos de la palabra.

– ¡Señor, Jesús! –grité–. ¡Dónde nos hallamos!

De momento me dio la impresión de que aquello era un gran campo de batalla: por todas partes había gente luchando a muerte, contorsionándose, pegando, pinchando, cortando. Pero no podía ser una guerra al estilo moderno, pues no había tanques ni armamentos. Nadie poseía objetos contundentes en sus manos, a medida que pude ver la escena con más detalle, vi como luchaban con sus manos, sus pies sus dientes... al mismo tiempo nadie parecía estar herido, ni se veía sangre en ninguno de ellos. Nadie caía al suelo; golpes tan violentos como para causar la muerte en circunstancias normales, dejaban al oponente como si nada hubiera sucedido.

Por un lado daban la sensación de que peleaban uno encima del otro, pero al mismo tiempo era como si cada uno estuviera pegando al aire; finalmente pude entender la realidad. Al no tener existencia física, no tenían posibilidad de tocarse unos a otros. No podían matarse, si bien era evidente que este era su propósito. Sus pretendidas víctimas ya habían muerto, por esto estaban enzarzados en una frenética, pero imposible e impotente lucha.

Si antes había sospechado que me hallaba en el infierno, ahora estaba seguro de ello. Hasta aquel momento, la tragedia consistía en hallarse encadenados al mundo físico, del cual ya no eran parte y donde nadie podía darse cuenta de su existencia. Ahora podía ver que existían otros tipos de cadenas. Aquí no se disponía de objetos sólidos o de personas corporales donde poder albergar sus almas. Parecía que estas criaturas se hallaban encadenadas a los propios hábitos de sus mentes, por medio del odio, la lujuria y todos los pensamientos tendentes a la destrucción.

Aún más horroroso que las dentelladas y las coces que se intercambiaban, eran los muchos abusos sexuales que se veían representados como en ridículas pantomimas. Eran perversiones que nunca había soñado y que incesantemente intentaban llevar a cabo sin poder lograrlo, a causa de no tener cuerpo real. Resultaba imposible definir los aullidos emitidos, no se podía afirmar si se trataba de gritos de frustración o si eran los ecos de los desesperados pensamientos no realizados. En verdad que en este mundo descarnado parecía no tener importancia ni lo uno ni lo otro. Todo lo que ellos pensaban, lo mismo sus odios que sus pasiones, se hacían visibles ante ellos mismos, de una manera más evidente que las palabras o imágenes, y con una rapidez que las mismas ondas sonoras no podrían superar.

Los pensamientos que entre ellos se comunicaban, tenían relación con el conocimiento, habilidades o conciencia del que los emitía. ¡Te lo había advertido! ¡Desde siempre lo supe! ¡Acaso no te lo dije! Todos estos conceptos se confundían en el aire como los gritos de una horda de salvajes. Con un sentimiento de temerosa familiaridad reconocí mis propios pensamientos entre los demás. Como si fuera yo mismo, con mi propio tono de voz, el que tanto interés tenía en ganar los primeros premios de Scout, el que no faltaba a los cultos de la iglesia. A la edad de veinte años aún no había adquirido ninguno de los hábitos condicionadores de mi vida, ninguno de los vicios que había visto en las personas del barrio bajo en la Base Naval. Pero en medio de aquellos alaridos de envidia y egoísmo pude escuchar claramente mi propia voz.

Pero también en esta ocasión, pude darme cuenta de que ninguna condenación salía de los labios de la Presencia a mi lado, solamente compasión en favor de aquellos infelices seres que quebrantaban su corazón. Ciertamente no era su voluntad el que una de estas criaturas estuviera en tal situación y en tal lugar.

Entonces ¿por qué razón estaban confinados en este lugar? ¿Por qué no huían de aquel infierno? No podía comprender por qué una persona, que estaba siendo amenazada por otro hombre de feroz aspecto vengativo, no escapaba de su presencia. O ¿por qué aquella señora joven no echaba a correr, en lugar de permitir que aquel hombre la golpease furiosamente con sus inmateriales puños? Ninguno de aquellos seres dementes podía alcanzar a sus pretendidas víctimas. Sin embargo, no existían murallas. A simple vista no había obstáculo que les impidiese huir.

A no ser que...

A no ser que no existiera el "estar solo" en este misterioso reino de los espíritus desencarnados. Que no existiera un sólo rincón en su universo donde pudieran estar solos. Ni un trozo de espacio que no estuviera habitado por otros seres, ante quienes se quedaba uno eternamente al descubierto. ¿A qué podría compararse aquel lugar, reflexioné, donde los pensamientos privados y personales no podían existir? Sin posibilidad de evitarlo, de esconderlos, teniendo siempre delante lo que en realidad cada uno quería alcanzar sin poderlo lograr... A no ser que hubiera algún tipo de consolación en ver que los demás eran tan desgraciados como uno mismo, dándose cuenta de que lo único que podía hacerse era verter el veneno uno contra el otro.

Tal vez esta era la explicación de un horroroso dolor. Tal vez por siglos, cada criatura aquí había estado buscando la compañía de otros, tan llenos de odio y de orgullo como ellos mismos, hasta que finalmente llegaron a formar una sociedad tan maldita como aquella.

Tal vez no era Jesús quien los había abandonado, sino ellos los que habían rechazado la Luz que ponía al descubierto sus tinieblas. O... ¿se hallaban ellos tan solos como al principio parecía? Paulatinamente me di cuenta que había algo más en aquella extraña planicie. Casi desde el principio me había parecido notarlo, pero hasta el final no fui capaz de localizarlo.

Cuando pude hacerlo me dejó atónito.

La totalidad del campo tenía por encima, como revoloteando, un ejército de seres como hechos de luz. Fue su tamaño y la brillantez de su esplendor lo que primeramente me había privado de distinguirlos. Ahora que los había visto y acoplé mis ojos a su presencia, pude darme cuenta de que se trataba de unas "presencias" inclinándose sobre las infelices criaturas agitándose en el llano. Tal vez conversaban con ellos.

¿Eran ángeles aquellos seres brillantes? ¿Era aquella luz a mi lado otro ángel? Pero el pensamiento que me fue comunicado tan precisamente en la pequeña sala del hospital fue: "Tú estás ante la presencia del Hijo de Dios". ¿Sería posible que cada una de aquellas apariciones humanas, arruinadas e indignas como yo mismo, estuvieran en Su presencia? ¿En aquel reino donde el tiempo y el espacio no se gobernaban por los criterios conocidos en la Tierra, sería posible que Él estuviera con ellos de la misma manera que yo sentía que estaba conmigo?

No podía saberlo. Lo que pude ver con claridad fue que ninguno de aquellos seres a lo largo de la planicie quedaron abandonados. Todos y cada uno recibían atención, los vigilaban, los servían. Y lo más extraño fue ver que ellos mismos no lo sabían, no podían percibirlo. Si Jesús o sus ángeles les hablaban, era evidente que no los oían. No daban tregua al rencor que salía de sus propios corazones; sus ojos sólo estaban atentos al mal que podían hacer, buscando a otra criatura a quien humillar. Si no fuera un espectador invisible para ellos, me habría sido imposible observar aquellas terribles criaturas, llenas de resentimiento y entregadas a causar el mal.

De hecho, ahora que me había dado cuenta de las luminosas presencias, reflexioné, y deduje que ciertamente también estaban en los demás sitios que previamente visitamos, sin que me hubiera dado cuenta. En realidad, se trataba de que yo veía lo que en cada momento estaba capacitado para ver. Los ángeles estaban por centenares en las calles de las ciudades por donde habíamos pasado. En las fábricas, en las casas, incluso en aquel sucio y oscuro bar, donde nadie notó su presencia, de la misma manera que yo no la noté.

No tardé en entender que había un común denominador en todas las escenas presenciadas hasta aquel momento: el fracaso y la inhabilidad de descubrir la presencia de Jesús. Ya fuera por apetitos de orden físico, por intereses terrenales, por estar absorto en el propio yo, etc. Cualquier cosa que se interfería entre la persona y su Luz creaba la separación que precipitaba hasta la muerte.

# VI

Volvimos a ponernos en movimiento. Mejor dicho, la escena enfrente nuestro cambió. Al principio la calidad de la luz era diferente, como si el aire se hubiera hecho más transparente, haciendo posible distinguir lo que evidentemente estaba allí y no me había dado cuenta.

De nuevo, sucedió como si Jesús fuera revelándose en la medida que yo era capaz de percibir. Primero me había sido mostrado el reino infernal, lleno de seres atrapados en alguna de las múltiples formas de egoísmo. Ahora, detrás de todo aquello, en un más allá, comencé a percibir un nuevo reino. Enormes edificios podían divisarse en maravillosos parques iluminados por el sol. Había una armonía en sus estructuras que las relacionaba proporcionalmente entre sí como si fuera la distribución de una bien planeada ciudad universitaria. Excepto que al compararlo con cualquier situación terrenal ésta resultaba ridícula ante tal majestuosidad. Era como si todos los colegios del mundo fuesen una sombra reproduciendo aquella realidad.

Parecía como si súbitamente hubiéramos entrado en otras nuevas dimensiones, casi como otra clase de existencia. Después del clamor de aquellas ciudades en lucha y los estridentes gritos de las voces en el inmenso llano, aquí sólo prevalecía la paz. Al entrar en uno de los edificios me quedé absorto mirando los altos techos y los rectos pasadizos con altísimas puertas; el aire llevaba un ambiente de calma y serenidad, que las personas paseando por aquellos pasillos parecían alterar sólo con su presencia.

No podría decir si se trataba de hombres o mujeres, jóvenes o viejos, porque todos iban cubiertos de pies a cabeza con unas túnicas anchas con capuchas, que les daban un aspecto como de monjes. Sin embargo, el ambiente del lugar no tenía nada de parecido a un monasterio. Era más bien parecido a un enorme centro de investigaciones, caracterizado por el entusiasmo de grandes descubrimientos. Cada persona que pude ver en los amplios salones o en las escaleras de caracol, daba la sensación de estar absorta en alguna actividad muy importante; no se intercambiaban muchas palabras. Por otro lado se palpaba una atmósfera de amistad entre todos los seres concentrados en sus especiales tareas.

Quienquiera que fuesen aquellas personas, se comportaban con un desinterés ejemplar, como entregados a un propósito que les transcendía. A través de las ventanas abiertas de par en par vi enormes salas llenas de complejos equipos. En sus departamentos se distinguían las figuras encapuchadas, unos inclinados ante intrincados paneles de datos y diagramas, o sentados ante aparatos de control con infinidad de luces que se encendían y apagaban indiscriminadamente. Me sentí orgulloso de haber estudiado un poco los principios de las ciencias exactas; en la universidad me había licenciado en física y cálculo. Pero si estas actividades eran de algún orden científico, su categoría o especialidad resultaban más avanzadas de todo cuanto me habían enseñado a mí, de tal manera que no tenía ni idea de lo que se trataba. Pude descubrir que algún vasto experimento se estaba llevando a cabo, tal vez docenas de grandes experimentos.

– ¿Qué es lo que están haciendo, Jesús? –pregunté.

Pero a pesar de que el conocimiento brillaba en su propia persona como si fuera un sol –y de hecho podía experimentar que cada actividad en este poderoso "complejo universitario" tenía su origen en Dios– ninguna explicación iluminó mi mente. Se me comunicó, como en otras ocasiones, amor, compasión por mi ignorancia, comprensión que compensaba toda mi falta de conocimiento.

Y algo más... A pesar de su deleite en los seres a nuestro entorno, sentía que aquello no era la perfección total, que Él tenía reservadas cosas aún más grandiosas para mostrarme, con la única condición de estar predispuesto a conocerlas.

Así fue como le seguí a Él entrando en otros edificios de este universo del pensamiento. Me llevó a un estudio donde se estaba componiendo una música tan compleja, que no podía descifrar cuando se interpretaba. Tenía unos ritmos complicadísimos y unos tonos en escalas completamente desconocidas. Pensé dentro de mí: "Bach resulta sólo un principio comparado con tal melodía".

Seguidamente penetramos en una biblioteca, de unas dimensiones equivalentes a la totalidad de la Universidad de Richmond. Contemplé en sus enormes salas, repletas desde el suelo hasta el techo con libros, documentos en pergaminos, arcilla, piel, metal, etc. "Aquí –me vino al pensamiento- se hallan todos los importantes libros del universo".

Inmediatamente me di cuenta de que esto era imposible. ¡Cómo podrían escribirse los libros en aquel lugar tan distante de la Tierra! Pero el pensamiento persistía en mí, a pesar de que mi mente lo rechazaba. "Las obras clave del universo", la frase iba resonando al mismo tiempo que recorríamos sala tras sala, donde multitud de expertos y silenciosos investigadores estaban leyendo y estudiando. Entonces, de manera abrupta, pasamos la puerta de una de las salas más pequeñas, casi un anexo: "Aquí está el pensamiento central de esta tierra".

Salimos otra vez para pasar a un silencioso y tranquilo parque. Luego entramos en otro edificio lleno de maquinaria tecnológica. Penetramos en una estructura esférica y por medio de un estrecho pasillo subimos hasta la parte alta de un tanque, que tenía todo el aspecto de estar destinado a almacenar agua. Sin embargo, al mirar en su interior vi un gran laboratorio que bien podía haber sido un observatorio espacial. Mientras entrábamos en este artefacto mi curiosidad aumentaba.

– ¿Acaso es esto el cielo, Señor Jesús? –me atreví a preguntar. Aquella calma, aquel resplandor, bien podían ser las características celestiales. Allí no podía respirarse egoísmo ni envidia. – Cuando estas personas estaban en la tierra, ¿vivían también de una forma tan desinteresada?

– Ellos vivieron así y en esta línea de vida continúan viviendo aquí.

La respuesta fue como una luz brillando en aquella atmósfera. Pero si se trataba de un crecimiento, de un proseguir, quería decir que aún no habíamos llegado hasta el final.

Entonces... debe haber algo que incluso a estos seres les falta. De pronto se me ocurrió que pudiera ser lo mismo que les faltaba a los demás seres allá abajo en el "reino inferior". ¿También a estas criaturas tan desinteresadas les faltaba la completa capacidad para ver a Jesús? ¿O tal vez lo podían ver sin descubrir toda su gloria? Al menos, con seguridad, tenían indicios de Él; era obvio que Él era parte de toda la verdad del conocimiento que ellos perseguían. Pero, ¿no sería posible que el mismo deseo y sed de verdad los privara de descubrir la verdad en Él, a pesar de tenerlo tan cerca? Quien sabe si la atención en los libros, sus investigaciones y sus tubos de ensayo se transformaron en los obstáculos...

No podía comprobarlo. Lo cierto fue su inefable amor, paralelo a mi desorientación. Todas mis preguntas, parecían incidentales y sin importancia ante su presencia. Tal vez, llegué a la conclusión, Él no puede explicarme más de lo que soy capaz de recibir; tal vez soy yo quien no podría entender sus explicaciones.

En medio de los demás detalles que Él me iba mostrando, siempre permanecía en el centro de mi atención.

Posiblemente mi incapacidad era debida a no haberme dado cuenta de que ya no nos hallábamos en la superficie terrestre...

Hasta este momento había tenido la impresión de que estábamos desplazándonos –aunque no podría decir cómo ni por qué medios por la superficie de la Tierra. Incluso la que había interpretado como una inmensa altiplanicie, la concebí distante del "nivel físico", pero al mismo tiempo relacionada con nuestro planeta.

Sin embargo, ahora, parecía como si hubiéramos dejado al globo terráqueo muy atrás. Nada de lo que veía tenía relación con el mundo conocido. Al contrario, daba la sensación de estar en un inmenso vacío y al mismo tiempo una promesa, más allá de lo definible, parecía vibrar en medio de aquella "nada".

Luego vi, infinitamente lejos, demasiado distante para ser apercibido por los medios a mi alcance... una ciudad. Ya más de cerca, la ciudad era luminosa, al parecer un lugar sin término, pero con tal calidad de luz que podía distinguirse a pesar de la inimaginable distancia que nos separaba. Su brillantez parecía emanar de los mismos edificios y calles del lugar, y los seres, que ahora ya podía distinguir, las llenaban y circulaban por ellas. De hecho, la ciudad en sí y todo lo que había en ella parecía hecho de luz, una luz similar a la Luz del que tenía a mi lado acompañándome siempre.

Por aquel tiempo aún no había leído el libro del Apocalipsis. Todo lo que hice fue admirar estupefacto aquel espectáculo a distancia, maravillado ante el resplandor de cada edificio, cada habitante y cada objeto. Por otro lado daba la sensación de que la distancia que nos separaba era de años luz. ¿Podrían ser aquellos individuos –me pregunté–, quienes en vida habían mantenido a Jesús como el centro de sus aspiraciones y de su vida? ¿Estaba viendo, al fin, a quienes habían escogido a Jesús por encima de todas las demás cosas en la vida? ¿Sería aquel estado el resultado de haber sido transformados a su propia imagen?...

Mientras me hacía esas preguntas, dos de aquellos radiantes seres se separaron de la ciudad y se dirigieron hacia nosotros, lanzándose a gran velocidad a través del infinito a la velocidad de la luz.

Pero a pesar de la velocidad a la que viajaban, nosotros nos separábamos de ellos aún más rápidamente. La distancia entre nosotros y ellos iba aumentando, finalmente la visión se desdibujó y desapareció. Lloré al perder aquella maravillosa escena, reconociendo mi impotencia e incapacidad, pero tuve la convicción de que en aquel instante había podido contemplar la realidad del cielo. Él me había mostrado todo lo que yo era capaz de ver; ahora estábamos en camino otra vez.

Solamente unos segundos después nos hallábamos entre cuatro paredes, limitando una habitación muy estrecha en forma de caja. Al instante reconocí el diminuto cuarto del hospital, que habíamos abandonado (al parecer) hacía largos años.

Jesús estaba todavía a mi lado, de no haber sido así, no hubiera resistido el impacto de la brutal transición, al pasar del infinito a las reducidas dimensiones de aquella celda. El resplandor de aquella maravillosa ciudad aún se reflejaba en mis pensamientos, como una dulce invitación a que me quedara allí. Observando al frente mismo de donde me hallaba, vi la figura de un cuerpo humano echado debajo de las sábanas, en la cama que ocupaba la mayor parte de la habitación.

Increíblemente, Jesús me estaba diciendo que yo pertenecía a aquella forma cubierta por las blancas sábanas, que su propósito en cuanto a mí, incluía aquella masa de materia encima de la cama. Sentía cómo me iba acercando a "aquello" más y más. Experimentaba que mi campo de visión cambiaba, que la Luz se separaba de mí, grité suplicando que no me abandonara en aquel desagradable y oscuro lugar.

Como si se tratara de una historia casi olvidada, recordé cómo yo mismo había estado caminando por las salas y dependencias de aquel hospital, buscando desesperadamente la figura de aquella cama. Desde aquel momento tan horrorosamente solo de mi existencia, había dado un salto a un estado de perfección, de inmaterialidad imposible de describir. La Luz de Jesús había penetrado en mi vida de una manera total. Ahora, la idea de separarme de Él era más de lo que posiblemente podía soportar.

Mientras estaba suplicándole sentí que perdía conciencia dentro de mí. Mi mente comenzó a divagar, todo se tornó borroso... Ya no sabía que quería, ni por qué estaba luchando. Mi garganta ardía, como si tuviera fuego en su interior y mi pecho sufría una presión que me producía la sensación de aplastamiento.

Abrí los ojos, pero algo estaba privándome la vista delante de la cara. Palpé las sábanas que me cubrían tratando de averiguar donde me hallaba. Al intentar mover los brazos tuve la sensación de que estaba levantando barras de plomo. Mis dedos estaban agarrotados unos contra otros. Tardé unos minutos en poderlos mover y tener la sensación de poderlos oponer entre sí. Con mi mano derecha toqué el anillo de mi izquierda, con su piedra ovalada. Lentamente le di unas vueltas sobre el anular. Todo esto sucedió en medio de la oscuridad dentro del lugar donde pusieron mi "cadáver".

# VII

Fueron necesarias cuatro visitas para explicar mis experiencias al paciente Fred Owen. En el transcurso de ellas me hizo muchas preguntas y trató de dar diferentes interpretaciones, expresando francamente sus dudas al respecto.

Ahora, sin embargo, al final de mi historia, se quedó sentado y muy pensativo. Encima de mi mesa de despacho, mi reloj de control estaba marcando el final del tiempo destinado para la visita de aquel día. Oímos cómo la puerta del antedespacho se abría porque otro paciente tenía su hora.

– ¿Así que... usted retornó a su cuerpo? –preguntó Fred al final.

Esa es la interpretación que yo le doy ahora –dije–. En aquel entonces poco sabía de todas estas cosas. Durante los dos o tres días siguientes estuve en un estado de seminconsciencia. Sufrí serios mareos y pesadillas, los síntomas propios de una enfermedad tan seria como la que padecí.

Eso fue lo principal –le dije–. Cuando comencé a volver en mí, sabía muy bien que había estado enfermo. Todos los problemas consiguientes a mis dolencias se manifestaron. El misterio era ¿por qué había estado fuera de mi cuerpo? Yo mismo no sabía cómo explicarlo. Solamente podía decir que no sentía dolor alguno, ni sensación de tener existencia física en absoluto.

La otra cosa que recuerdo perfectamente después de volver en mí, fue que al abrir los ojos sentí un dolor de cabeza horroroso y que vi a una enfermera, con una sonrisa en su rostro, mirándome.

– Nos alegramos de tenerlo entre nosotros otra vez –dijo ella–. Por unos momentos creímos que usted no lograría sobrevivir.

Humedecí con saliva mis labios resecos por la fiebre y balbuceé:

–¿A qué día estamos?

-Estamos en Nochebuena, Sr. Ritchie. Los permisos de Navidad han sido cancelados para todo el personal del hospital –añadió la enfermera– a causa de la epidemia de gripe y los serios casos de neumonías que tenemos en el campamento.

Pensé que había otras razones por las cuales ella no debió haber marchado. De alguna manera necesitaba explicarle las cosas que me habían sucedido.

– Sí, –me comentó ella–, hemos tenido mucha nieve...– Me dijo su nombre, era la teniente Irvine.

– He tenido la más sorprendente experiencia– y comencé a contar lo que mi mente tenía tan fresco. – Se trata de algo que todo el mundo ha de saber.

Tuve que parar al darme un golpe de tos. La teniente Irvine me puso su brazo por detrás de la espalda y me ayudó a incorporarme. Después de beber un poco de agua me calmé.

– Ahora no debe hablar más –dijo ella–. Vendré más tarde y le escucharé.

En realidad me dije para mí: – ¿Qué es lo que voy a contarle? ¿Que he visto a Dios? ¿Que he estado en el infierno? ¿Que he subido hasta el cielo? Pensará que me he vuelto loco.

Durante todos los días de aquella semana traté de explicar a cada persona que venía a visitarme en aquella pequeña habitación, la naturaleza de la Luz que llenó el recinto y les repetía las preguntas que me hizo a mí. Nunca pude lograr la atención de quienes me escuchaban más allá de tres o cuatro frases.

– Bueno, ahora trate de descansar. No se esfuerce en hablar tanto, me decían los médicos o las enfermeras, y de hecho mi voz no tenía energía de sobra. Era natural que el personal del hospital estuviera más interesado en mi metabolismo, mi temperatura y los resultados de los análisis que en mis "experiencias extraterrestres". Era evidente que para ellos, todo cuanto les intentaba explicar formaba parte de las circunstancias rutinarias de un enfermo normal y corriente. Pero gradualmente, a medida que iban transcurriendo los días, fui juntando todas las piezas del rompecabezas hasta estar seguro de poder interpretar lo sucedido en aquella pequeña habitación del hospital, cuando en realidad había estado con Jesús.

– Por hoy ya hemos agotado el tiempo –dije a Fred–, si lo desea, mañana le contaré lo que pude descubrir con la colaboración de los médicos.

Ahora Fred venía a la consulta cada día, a pesar del cansancio producido en su débil cuerpo por el corto paseo que separaba mi clínica del lugar donde aparcaba su coche. Fue la siguiente tarde cuando concluí la explicación de mi historia...

# VIII

Después de mi pérdida de conocimiento ante el aparato de rayos X, supe que me habían trasladado a la pequeña habitación reservada para casos graves, cerca de la sala donde antes me habían hecho el diagnóstico hallándome pulmonía doble. Durante las siguientes 24 horas, a pesar de hacerme todo lo posible según los medios al alcance del hospital, mi estado general iba empeorando. Hemos de tener en cuenta que en el año 1943 los adelantos médicos de hoy en día estaban en pañales.

Temprano por la mañana del día 21 de diciembre, 24 horas después de haber perdido el conocimiento y haber sido trasladado a la habitación para cuidados especiales, el auxiliar que hacía la inspección rutinaria por las salas y colocaba las medicinas para ser administradas a cada enfermo, sospechó de mi aspecto y me tomó el pulso. Comprobó el ritmo de mi respiración para darse cuenta con asombro que prácticamente era nula. Tomó la presión de la sangre. ¡Nula! Salió corriendo para dar aviso al médico de guardia.

Cuando este llegó a los pocos minutos, volvió a comprobar pulso, respiración y presión sanguínea con los mismos resultados. Se incorporó y dijo:

– Ha muerto, no hay nada que hacer. – Y dirigiéndose al auxiliar dio la orden: Cuando termine la vuelta por la sala, prepárelo para trasladarlo al depósito de cadáveres.

Dio las instrucciones con voz grave y preocupada: durante los últimos días se habían producido varias muertes en el campamento de Barkeley. Posiblemente no sería el último. Con un movimiento mecánico, extendió mis brazos por encima de las mantas y me tapó la cara con la sábana.

Sin más comentarios, volvió a la sala general para cuidar a los vivos.

El auxiliar terminó su ronda asignada. Cuál no sería mi impresión en el momento cuando, en mi situación de ser incorpóreo, finalmente hallé aquella reducida habitación y pude contemplar la figura cubierta con la sábana...

Aproximadamente nueve minutos más tarde, de acuerdo con la información archivada en el hospital, el auxiliar entró de nuevo en la habitación para comenzar los preparativos del traslado de mi cuerpo al depósito. Pero... – ¡Estoy seguro que una de sus manos ha cambiado de posición! –hubiera jurado al ver de nuevo el cuerpo que se suponía muerto.

Una vez más el joven asistente corrió para hacer notar su observación al médico de guardia. Este regresó con él en cuestión de segundos, me observó durante unos minutos por segunda vez, y por segunda vez afirmó que había muerto. El pobre muchacho fue sospechoso de ver visiones por la noche.

Justamente entonces sucedió el evento cuyo impacto no pude apreciar hasta pasados varios años. En el momento que pude darme cuenta de ello quedé sorprendido, pero cada vez que considero la importancia que ha tenido y está teniendo para el resto de mi vida, veo que estoy ante resultados inconmensurables.

El auxiliar no pudo resignarse a aceptar el veredicto de su superior. Pudiera ser –se atrevió a sugerir–, podríamos administrarle una inyección de adrenalina directamente a los músculos del corazón.

En primer lugar, estaba totalmente fuera de regla el que un practicante discutiera la opinión de un médico oficial, especialmente en el ejército. En segundo lugar la sugerencia del muchacho, motivada por su buena voluntad era, médicamente hablando, una ridiculez. En aquellos días cuando el masaje al corazón y la aplicación del electroshock escasamente se conocía, se inyectaba adrenalina directamente al corazón del enfermo en casos de paro cardíaco. Pero esto solamente se hacía en casos de fallos en el corazón provocados por algún trauma ocurrido en pacientes sanos, como pudiera ser en caso de accidentes. En estos casos al poner en movimiento el corazón por este medio, podía salvarse la vida y experimentar un restablecimiento de la circulación de la sangre casi inmediatamente.

Pero cuando la totalidad del sistema se hallaba debilitado por una neumonía, el simple hecho de poner en movimiento los músculos del corazón y producir unas palpitaciones artificiales, de nada podía servir. Técnicamente el corazón habría dado algunos latidos, pero esto no alteraría el funcionamiento general del cuerpo enfermo. En mi condición, cualquier médico hubiera afirmado, sin lugar a dudas, que era irreversible; después de un tiempo tan prolongado sin oxígeno, el cerebro debía haber quedado irremediablemente afectado.

A pesar de todas estas consideraciones, aquel doctor, plenamente consciente de la inutilidad de la sugerencia de su subordinado, aceptó la idea.

– ¡Tráeme los preparativos para inyectarlo! –ordenó al joven ayudante. Cuando el auxiliar regresó de la farmacia, el médico llenó la jeringa de un vial de adrenalina y hundió la aguja en los músculos de mi corazón.

Incipientemente al principio, mi corazón recomenzó a latir. Luego, los incrédulos ojos de los dos hombres junto a mí, comprobaron que el pulso registraba el bombeo de la sangre rítmicamente.

Un momento después, reemprendí la respiración. La presión de la sangre apareció de nuevo. Mis pulmones funcionaron otra vez con cierta regularidad...

No se trataba de un instante fugaz, de una recuperación momentánea; la vitalidad había vuelto a mi cuerpo; y según me explicaron después, pasaron tres días hasta que pude recuperar el conocimiento; cinco días sin salir de la categoría de "muy grave" y dos semanas más hasta que pude dar el primer paso. Pero ahora, con veinte años de propia experiencia profesional en la medicina, puedo comprender con qué estupefacción el personal sanitario, seguiría el proceso de mi recuperación. Cuando llegó el día en que ya me podían hacer toda clase de preguntas, tanto el doctor que me dio la inyección de adrenalina, como el auxiliar que aquella noche tuvo el presentimiento que me hizo retornar a la vida, habían sido trasladados a otra parte por necesidades de la guerra. Ambos se hallaban en ultramar. Sin embargo, recibí la visita del Dr. Donald G. Francy, el comandante Médico, a quien el doctor que me atendió aquella noche había informado detalladamente del caso. El Dr. Francy calificó mi restablecimiento con estas palabras: "El caso médico más sorprendente que jamás he observado", y en un documento oficial que más tarde protocolizó, escribió:

"Oficial George G. Ritchie... caso médico de un hombre quien virtualmente volvió a vivir después de estar clínicamente muerto. La recuperación total de su salud, solamente puede explicarse en términos al margen de los naturalmente conocidos".

# IX

No obstante, al tiempo que conté a Fred Owen mi experiencia, los detalles de la misma no me habían llegado a interesar mucho. Valoraba mi retorno a esta vida más bien como una calamidad. De haber tenido fuerzas físicas al momento de recuperar mi cuerpo, hubiera reaccionado en contra de quienes lucharon para resucitarme.

Durante los días siguientes tuve que permanecer en cama. Me sentía joven, pero muy enfermo. Con la lucha en mi interior, tratando de buscar el significado de aquel inaudito encuentro que había tenido en tan reducido espacio del hospital. Pensaba en la realidad de Jesús, preguntándome cómo sería mi vida en adelante, si me sería posible verlo otra vez.

Las ocasiones en que más fácil era soportar mi separación de Él, era cuando alguien estaba conmigo en la habitación. Los celadores, las enfermeras, los médicos, quienquiera que fuese me daba gran alegría y parecía como si mi corazón latiese más deprisa ante su presencia. En especial cuando me visitaba la teniente Irvine (Retta era su nombre), pues ella era capaz de "mirar por dentro" –así lo expresaba ella– a mi experiencia, cada vez que trataba de explicárselo:

"Era como un sol, pero más brillante del que uno puede imaginarse, y al mismo tiempo no abrasaba..."

Mi dificultad estaba en que no hallaba los términos adecuados para definir o describir ni aún en la mínima expresión lo que fui capaz de ver. Me daba cuenta que al fracasar en mis intentos, lo único que lograba era confundirla más y más.

Cuando ahora pienso en ella, diría que Retta Irvine no tendría, por aquel tiempo, más que veintiséis o veintisiete años. Una agradable chica rubia, con un tipo muy fino y una sonrisa encantadora, pero a mis ojos de jovencito se me antojaba una mujer de mediana edad, una persona adulta a quien podía confiar mis problemas.

Al ver que no podía comprenderme cuando le hablaba de la Luz y de los mundos que yo había visitado en compañía de Jesús, le expliqué mis experiencias en la Universidad y mis ilusiones en comenzar las clases de medicina otra vez, dentro de pocos días, tan pronto como me recuperase del todo. En este tema ya simpatizábamos y nos podíamos entender mejor. Era muy agradable conversar con ella. Mirar un rostro humano y ser mirado por ella, hablarle y observar sus reacciones, ¿cómo no me había dado cuenta antes de estas maravillas?

Tan pronto como pude dar unos pasos sin la ayuda de nadie, salía de mi reducida habitación individual para hablar con los demás enfermos de la otra sala general. Noté que mi carácter había cambiado, tenía más deseos de tener contacto con la gente y estuve insistiendo hasta que logré que me trasladaran al departamento, donde mi cama estuviera junto a los demás enfermos. Yo mismo me desconocía, sabiendo cómo era antes de pasar por la experiencia: una persona tímida, más bien introvertido y retraído. Solamente en el grupo de los Scouts me había destacado y allí fue donde tuve alguna actividad social, pero siempre entre el mismo grupo de individuos.

Ahora disfrutaba entablando amistad espontánea con extraños, como si los conociera de toda la vida.

La terrible soledad experimentada mientras vagaba por aquellas mismas salas sin ser visto, completamente desapercibido por los vivos que pasaban de largo, ante mi incomprensible extrañeza, operó en mí un cambio radical en la apreciación de las personas de mi entorno.

Cuando se apagaban las luces cada noche y el murmullo de las conversaciones iba desapareciendo, no podía menos que contemplar otra vez aquella hilera de pequeñas bombillas sobre las mesitas de noche, y otra vez se me reproducía el momento en que vi penetrar la Luz en los grises barracones de madera. –¿Estaría aún Él allí?–, me preguntaba. Pensaba que tal vez eran nuestros ojos físicos los que no podían distinguir su presencia, pero que en realidad Él estaba aún allí.

Había momentos que me sentía desanimado al tratar de dar a entender a los demás las maravillas que Él me había mostrado. Desanimado y ante el riesgo de perder las nuevas amistades alcanzadas, porque algunos de ellos comenzaban a mirarme como un bicho raro, obsesionado con mis historias del otro mundo. Pero por largas horas, cada noche volvía a recordar y revivir cada imagen, cada sonido de aquellas increíbles experiencias pasadas, cuyo impacto era mayor a medida que el tiempo transcurría. Primero las escenas de aquel reino infernal, donde fue la más larga estancia. Donde la gente que no pertenecía a la Tierra no podía librarse de sus entornos, sus apetitos, el orgullo que los había dominado durante sus vidas aquí. Después la breve visita al reino donde el ego había quedado relajado, donde toda actividad se centraba en la búsqueda de la verdad. Donde llegué a creer que se trataba del cielo, a no ser por la final revelación de la gloriosa ciudad. Aunque solamente pude contemplarla por unos momentos, se me quedó grabada para siempre.

¿Qué significado tenía todo aquello? ¿Por qué, entre tantas personas en el mundo, me fue mostrado justamente a mí y no a otro? Y sobre todo, ¿cómo debía yo disponer de todo aquello?

Esa fue la pregunta que me hizo Fred Owen, hundido en el sillón junto a mí en el despacho de la consulta, alternando sus palabras entre esfuerzos para respirar bien.

– ¿Ha cambiado algo para usted todo lo que me ha contado? Quiero decir, si le ha afectado a su propia vida, en lo que usted hizo después, en lo que usted hace hoy. En otras palabras, todo esto es fascinante, haber penetrado dentro de los secretos de Dios y todo lo demás, pero no puedo ver la importancia de todo ello.

Penetrar dentro de los secretos de Dios... ¿Podía detectar una nota de envidia en esas palabras? De ser así, me sentía completamente fracasado en mi motivación al comunicar mis experiencias.

– Para mí no representaba haber dado un paseo por el cielo, –le expliqué a mi amigo Fred. – Si de alguna manera tuve acceso a él, fue a una distancia enorme, inalcanzable para el tipo de persona que era en aquel momento o a la que podía entonces imaginarme. Tampoco llegué a creer que a los veinte años había estado en las profundidades del infierno; yo no vi, por ejemplo, el lago de fuego del cual se habla en el libro del Apocalipsis en la Biblia.

Lo que vi en el reino de la vida futura fue el estado de los seres, que como yo, estaban muertos físicamente y por su estado de desesperación y condición de existencia, era suficiente para pensar que estaban en el infierno. Fue lo suficiente para infundir en mi vida el temor y el respeto hacia mis actitudes, mis hábitos y mis prioridades, que finalmente habían de moldear la futura existencia, tal como la pude contemplar fuera de mi cuerpo material.

Desde aquellos días, no he considerado nada en mi vida sin pensar en el propósito que Dios ha impreso en ello.

–Desde aquella noche en Texas, –dije a mi amigo Fred– ningún contacto con otra persona ha dejado de ser muy importante para mí.

Cada minuto de cada día desde entonces, he tenido conciencia de un mundo completamente diferente al que había vivido antes. Y, curiosamente, fue la gloria de este mundo, no el miedo, lo que me hizo regresar a esta vida tan difícil. Fue el contraste entre el amor de Jesús y el mundo en el cual me hallaba sumergido, lo que me inspiró a vivir de nuevo.

El año que siguió a mi enfermedad fue el más duro de toda mi existencia. –¿Qué significó para mí aquella experiencia personal?– fue la pregunta de Fred. Para podérselo explicar en detalle, tal como le prometí, necesitaba más horas de conversación y honestamente cumplí mi palabra.

# X

Tres semanas después de mi encuentro con Cristo en situación incorpórea, la teniente Irvine se presentó en mi habitación para darme inesperadas y buenas noticias. La Facultad de Medicina de la Universidad de Virginia me había reservado el puesto solicitado, a pesar de no haber podido presentarme en el tiempo requerido. Tan pronto como fuera posible tenía que hacer el viaje para comenzar las clases.

Por segunda vez, mi período de convalecencia se convirtió en una cuenta atrás. Cada día que transcurría, representaba una clase perdida para mis estudios y más dificultades a la hora de pasar los exámenes finales.

– Usted tiene que comer más –me decía la teniente Irvine cada vez que me veía–. No estamos autorizados a dar información a los pacientes, pero puedo asegurarle que no lo dejaremos marchar a casa hasta que no haya ganado quince libras de peso.

Así que, comía y comía, me atiborraba de patatas hasta que toda mi boca parecía una pasta, bebía leche hasta el punto que me lo permitía la cavidad del estómago y mientras podía pasar por mi garganta.

Finalmente, una mañana despejada de los últimos días de enero, exactamente un mes después de la fecha prevista para comenzar las clases en la Universidad, me dieron de alta oficialmente para salir del hospital del campamento Barkeley. Por unos minutos estuve contemplando el billete de tren que tenía en mis manos. El ejército, no solamente me había pagado el viaje, sino que me habían reservado una litera para que pudiera hacer el viaje con una cierta comodidad, algo insólito en los antecedentes de esta clase, pero que era una indicación de mi delicado estado de salud, aún en aquellos momentos. La salida estaba prevista para la tarde del siguiente día.

En el mismo parte de alta constaba mi peso: 134 libras. Cuarenta y cuatro menos de las 178 que pesaba cuando llegué al campamento. Y 134, representaba un aumento de 15 libras sobre el mínimo peso que había tenido...

Pero lo importante era que iba a incorporarme a la Universidad para estudiar medicina y que tenía la suerte de haberme reservado la plaza. Llame por teléfono a mi madrastra para comunicarle la hora a la que llegaba mi tren a Richmond. Ella me había estado escribiendo de manera regular, durante todo el tiempo que estuve en el hospital, diciéndome que comprendía mi estado de salud y no esperaba respuesta. Por mi parte, me venía muy bien darle las noticias por medio de una oficinista de la administración, que le escribía informándole de mi estado cada vez que se recibía carta de ella. La verdad es que nunca habíamos mantenido muy buenas relaciones mi madrastra y yo.

Muchas horas de viaje las pasé contemplando el paisaje desde el tren. Texarkana... Little Rock... Memphis... cambio de trenes... cambio de máquinas en los distintos trayectos, mientras los vagones se unían a otras unidades que marchaban en diferentes direcciones.

Al llegar al Oeste de Virginia el tren enfiló hacia Charleston. Luego penetramos por el estado de Virginia. Covington... Clifton... Forge... Waynesboro... ¡cuán maravilloso resultaba todo aquello! Los riachuelos con agua hasta arriba; vi los frondosos bosques donde tantas veces había acampado con los Scouts. Luego las laderas del Este del Blue Ridge hasta llegar a Charlottesville y finalmente la llegada a Richmond.

Estaba oscureciendo cuando nos acercábamos a la ciudad, 48 horas después de haber salido de Abilene. Por debajo de los pasos elevados, el tráfico circulaba en su hora punta; los coches como pegados al guardabarros, el uno al otro, salpicándose con el agua sucia del pavimento. Entre dos luces distinguí los altos edificios de ladrillo descubierto de la Main Street Depot. Con el corazón palpitando dentro del pecho me puse el abrigo. No sé si por la emoción o por la debilidad, pero las piernas me temblaban como cañas sacudidas por el viento. Tenía la sensación de que el peso del abrigo me obligaría a doblar las rodillas. Por la ventanilla vi la estación repleta de gente, muchos de los viajeros vestidos de uniforme como yo.

No tardé en distinguir a mi madrastra. Alta, más delgada que la última vez, había transformado su larga cabellera hasta la cintura, en un peinado recogido en la parte posterior de su sombrero. La vi corriendo por el andén de la mano de su hijo Henry, que ya tenía diez años por aquel entonces.

Estiré mi bolsa de provisiones de debajo del asiento y lo arrastré a lo largo del pasillo del tren hasta la puerta; a la salida de Abilene me enviaron a un soldado, para que me ayudara a colocar mi equipaje en el tren.

Mi madrastra me localizó en el momento en que bajaba del coche. Al momento sentí sus brazos que me abrazaban, mientras que Henry trataba de encaramarse por mi espalda. Ningún comentario hizo a mi aspecto físico, pero a los pocos pasos agarró mi bolsa y con disimulo me pidió que la dejara ayudarme. Dio un poco de vuelta hasta bajar por las escaleras mecánicas en vez de descender directamente a la calle por la entrada principal, mientras tanto me iba dando noticias de todos los de la familia. Bruce Gordon estaba en cama pasando un leve constipado. Las Navidades fueron un poco tristes por causa de mi ausencia y también de mi padre que estaba en la guerra. La abuela Dabney me había invitado para que fuera a su finca de Moss Side para desayunar mañana por la mañana. ¡Con panecillos frescos cocidos por ella misma, puedes estar seguro! Antes de ver a mi abuela, tuve que presentarme a las nueve para informar a la dirección de la Universidad de que había llegado.

Entrada la tarde, cuando Henry y Bruce Gordon ya estaban en la casa, mi madrastra y yo nos sentamos en el salón. Ella me sirvió una copa de vino dulce aderezado con huevo, una bebida especial preparada por ella misma para Navidad y que me había reservado un poco, para que lo probara.

– George.

Levanté mi vista y pude darme cuenta de que sus ojos estaban fijos mirándome. Algo te ha sucedido George. ¿Hay algo de lo que podamos hablar juntos?

Reaccioné con un insignificante gesto, moviendo un poco los hombros. Mientras era niño, siempre había sospechado que mi madrastra podía leer mis pensamientos. Nunca le había dado mi confianza. Sin embargo, aquella noche, así de pronto, con la fotografía de mi padre encima de la chimenea, sucedió algo muy curioso. Durante las semanas anteriores me había sido imposible describir detalladamente, cuántas veces lo había intentado, mi compleja experiencia sucedida durante los minutos que duró "mi muerte clínica". Ahora, sin proponérmelo, me hallé contándoselo a mi madrastra, justamente a esta mujer a quien toda mi vida me había resistido a comunicarle una confidencia. Y a ella podía expresárselo con increíble facilidad, lo que no había sido capaz de hacer ni con la teniente Irvine ni con otra persona.

Me escuchaba a mí mismo, describiendo cómo anduve buscando mi propio cuerpo de sala en sala del hospital... dando detalles de mi frenético viaje para alcanzar Richmond... de mi retorno a Abilene. Especialmente cuando le contaba acerca de la Luz, y del largo viaje de la mano de Jesús...

Ella escuchó la totalidad de mi historia sin pronunciar una sola palabra, casi sin moverse del sillón donde se hallaba sentada, con su vista fija en mí, para no perder uno sólo de los matices de mi exposición. Mientras le hablaba, yo mismo estaba atónito al escuchar el torrente de palabras procedentes de mi boca, de mí, un joven tímido y de escasa facilidad de discurso desde siempre. Además ella me comprendía y me creía.

Al mismo tiempo algo estaba operando en mí, aquello era una especie de nuevo principio en mi personalidad, en mis puntos de vista. Cuando la miraba me di cuenta de que no la consideraba como la madrastra de George Ritchie, sino como Maty Skeen Ritchie, una persona con personalidad y antecedentes propios.

Por primera vez en toda mi vida, tuve el valor de reconocer a la mujer que, voluntariamente, había dedicado su juventud para cuidar a mi hermana y a mí como una auténtica madre, la que había llevado nuestro hogar adelante, con verdadero espíritu de sacrificio y servicio. Todo ello podía pensarlo al mismo tiempo que le hablaba de mi experiencia.

También vinieron a mi memoria las palabras de mi padre, cuando una vez me confesó que fue mi madrastra la que decidió no tener hijos con él hasta pasados tres años, con el fin de lograr primero un acoplamiento en la familia, mirando especialmente por el bienestar de los hijos del primer matrimonio.

Continué hablándole de la maravillosa ciudad celestial y de cómo deseé poder quedarme allí o al menos verla más de cerca. Nadie como ella pudo captar la realidad de mi descripción.

Otra cosa que nunca había llegado a comprender hasta aquel día, fue con relación a la situación familiar creada por la actitud de mi abuela paterna, al entrar otra mujer en casa como segunda esposa de su hijo. La abuela Dabney no era partidaria de un segundo matrimonio. En más de una ocasión ella me recordaba que Mary Skeen no era mi madre real. Me acordé muy bien de mi actitud hostil durante los doce a los diecinueve años, de mis actitudes bruscas y hostiles y de cuánto hice sufrir a aquella mujer que tanto amor me había demostrado.

Cuando finalmente terminé mi largo relato, los dos mantuvimos un largo y significativo silencio.

Ella fue la primera en hablar.

– George –dijo al fin–, Dios te ha confiado grandes verdades y una enorme responsabilidad-.

¡Yo creo que Dios aún mantiene este encargo para mí! Ahora y hasta el fin de mi vida. Desde aquel día en que fui capaz de aceptar a mi madre por lo que era, una nueva manera de valorar a las personas nació en mí.

¿En qué consistiría este misterioso poder, que emanaba del mismo hecho de explicar y dar testimonio de mi experiencia? Una y otra vez me pregunté qué esperaba Dios como resultado o respuesta a su encuentro conmigo. ¿Acaso esto era ya parte de su respuesta?

¿Consistiría simplemente en... hablar de ello, comunicarlo a los demás?

# XI

Si bien mi llegada a casa fue mucho mejor de lo que pude haber esperado, mi comienzo en la Universidad fue mucho peor. Comencé cuando mis compañeros ya hacía un mes que estaban estudiando. Al entregarme el montón de libros de texto, casi no podía con ellos, pensé que necesitaba todo el curso solamente para leerlos. Durante las clases escuchaba estupefacto cuando los profesores mascullaban frases en latín con palabras de diez sílabas. Si miraba a los compañeros los veía sumidos tomando nota, mientras que yo me esforzaba por saber de qué estaba tratando el maestro.

Mi salud en nada me ayudaba. Los pocos pasos que necesariamente tenía que andar, entre un edificio de la Universidad y otro departamento, me dejaban exhausto; concentrarme por más de cinco minutos seguidos cuando estaba en clase me era difícil. Por las tardes, al preparar los trabajos del día siguiente, me quedaba dormido con la cabeza encima de la mesa y me despertaba con sobresalto.

A cada estudiante de primer curso se nos entregaba una bolsa de papel marrón, con una colección de huesos humanos –una costilla, unas vértebras, un par de huesos de las piernas, etc.– con el objeto de que fuéramos familiarizándonos con las partes del cuerpo humano. Un día se me extravió mi bolsa y mientras la estaba buscando por el departamento de anatomía le pregunté a otro estudiante:

-¿Has visto una bolsa con huesos?

El otro miró mi desmejorado cuerpo, tan escaso de carnes y replicó festivamente:

— ¡Claro que la he visto, muchacho. La tengo de pie frente a mí!

Sin poderlo evitar caí en un círculo vicioso. La preocupación me incapacitaba para concentrarme en el estudio. Al no poder seguir el ritmo de los estudios, me preocupaba cada vez más. Todos mis compañeros parecían tan seguros de sí mismos, tan confiados en sus esfuerzos. A medida que iban pasando las semanas me sentía como un subnormal entre genialidades.

En el mes de mayo sucedió algo maravilloso.

Desde hacía dos años conocía a Marguerite Shell, desde que su hermano Bob formaba parte de la misma agrupación juvenil a la que yo pertenecía allí, en Richmond. Bob Shell y yo nos hicimos íntimos amigos y por esta razón entré en contacto con su hermana Marguerite, en una de mis visitas a su casa en Lawrenceville, un pueblecito a unas 70 millas al Sur de Richmond. La chica era una muñeca, bajita de estatura, rubia, con ojos azules del color del cielo en una de las hermosas mañanas de abril. Desde que la vi tuve la convicción de que era la joven más hermosa de la Tierra. En cuanto a salir con ella, sabía que mis posibilidades eran prácticamente nulas. Ella era una chica muy popular y por si fuera poco, apenas unos días después de haberla conocido comenzó a salir con otro de los amigos de su hermano.

Por aquel entonces Bob Shell estaba conmigo en la Universidad para unos cursillos programados por la sección Navy V-12 de la marina. Una tarde lo llamó su hermana y él me comentó que Marguerite había terminado con el muchacho que salía.

Esa fue una agradable sorpresa, pero la mejor de todas la tuve cuando la llamé invitándola a salir conmigo y aceptó. A causa de la guerra, la gasolina estaba racionada, pero le hablé a mi abuela Dabney y me prestó su viejo y descolorido Oldsmobile con gasolina suficiente para viajar hasta Lawrenceville y regresar. Aquel modelo de 1941 era uno de los más vistosos, con líneas dinámicas y adornos cromados en el radiador. Pensé que causaría muy buena impresión al presentarme en su casa con aquel vehículo.

Mi sensación de éxito de deshinchó un poco cuando al llegar a la puerta de la casa de Marguerite, salió la chica y me preguntó: –¿Pero y mi hermano Bob? – A pesar de todo, aunque ella había pensado que su hermano me acompañaba, no tuvo inconveniente en salir aquella tarde. Después de ese paseo, todo mi afán se transformó en lograr permisos de ocho horas para salir de la Facultad de Medicina y pedirle a mi abuela el coche para ir hasta Lawrenceville.

Unos meses después estaba seguro de una cosa: lo que más quería en esta vida era que Marguerite se convirtiera en mi esposa. Al mismo tiempo sabía que no tenía derecho a pedirle que se casara conmigo, sin antes poderle ofrecer alguna seguridad para nuestro matrimonio. También me atormentaba mi indecisión al tratar de contarle mi experiencia, durante el corto tiempo en el hospital del campamento militar. Un día, comencé a explicarle todo lo sucedido en Barkeley y hablamos de ello en repetidas ocasiones. Cada vez que esto sucedía, podía ver en sus ojos una sombra de escepticismo y su mirada se volvía extraviada, de tal manera que optaba por cambiar de tema. Era evidente que para ella se trataba de una inmensa pesadilla sufrida mientras estaba enfermo.

Estábamos en tiempos de guerra y finalmente hicimos lo que la mayoría de las parejas de novios solían hacer en aquel tiempo azaroso: hablar de cosas superficiales y evitar las conversaciones sobre los conflictos, sobre la muerte y sobre el incierto futuro.

Fue en agosto cuando fui llamado a la Administración de la Facultad. En un desmantelado despacho, un hombre con aspecto frío me comunicó que debía mejorar mis notas y que de no alcanzar una B1 en las asignaturas de bioquímica en la calificación final, tendría que regresar al campamento militar como un soldado más. Dijo aún otras cosas, sin ninguna consideración, comentando la incompetencia y dimensiones de la masa encefálica de quienes me habían recomendado como estudiante de medicina. De pie, ante aquel funcionario, se desplomaron ante mí las pocas esperanzas que me quedaban para continuar los estudios y mi moral quedó por los suelos.

Me hallaba tan atrapado en mis múltiples problemas que no me di cuenta de que aquel hombre usaba este mismo lenguaje para cada estudiante que entraba en su despacho, posiblemente como sistema estratégico para ir seleccionando a los más fuertes y eliminar a los tímidos y no aptos para la carrera de medicina. En cuanto a la valoración que hizo de mi persona, coincidía con la que me había hecho yo mismo de antemano: que no serviría para ser médico.

Durante las seis semanas siguientes, mientras tenía los codos apoyados en la mesa y la cabeza encima de los libros o miraba por las lentes del microscopio, aquellas palabras retumbaban dentro de mi cerebro como los golpes de un tambor machacón. Mis notas finales en las dos asignaturas mencionadas fueron D y E, respectivamente[2].

El 25 de septiembre fui requerido de nuevo para presentarme en la oficina. Sus primeras palabras fueron secas y protocolares. Vuelta al campamento de Barkeley, efectiva e inmediatamente. Reclasificado para el servicio activo en ultramar, a partir de aquel mismo día. Por si fuera poco añadió un comentario personal y extraoficial:

– Ritchie, si usted regresa de la guerra con vida, pondré todo mi empeño para que no vuelva a ser admitido en la facultad de medicina de esta Universidad o en cualquier otra. Usted ha malgastado el tiempo de la facultad y ha privado a otro estudiante de ocupar su puesto con más aptitudes que usted. Haré todo lo que esté de mi parte para que no se malogren más los recursos de la profesión médica.

No puedo recordar en qué condición salí por la puerta que daba a los pasillos. Solamente me acuerdo que vi a los demás estudiantes pasando deprisa y sin fijarse en mí, todos ellos satisfechos y alegres, escaleras arriba y escaleras abajo... indiferentes al estado de ánimo en el que yo me encontraba. Aquel fue el día más sombrío de mi vida.

Además, aquel día, coincidía con mi vigésimo primer cumpleaños.

---

[2] Las notas en las universidades americanas se califican por letras que van desde la A a la E.

El día en que se suponía que comenzaba la parte más importante de mi vida, acababa de perder todo el significado posible para mí. ¿Qué me quedaba, fuera de regresar al campo de prácticas de Texas, polvoriento y frío en invierno, caliente como un horno en verano, o tal vez ser enviado a alguno de los frentes de Europa o de Asia? ¿Por qué, Jesús, me pregunté con angustia, por qué no pude haberme quedado contigo en los lugares celestiales que me mostraste?

Lo peor de todo, fue que mi madrastra había preparado una gran sorpresa para la fiesta en mi honor, aquella misma noche. Marguerete, quien por aquel entonces estaba trabajando en Richmond, estaría en casa también. Mi hermana Mary Jane (su esposo estaba en el frente del Pacífico) también había venido, incluso la hermana mayor de Marguerite y su esposo, y muchos invitados más. Habría regalos y felicitaciones, postales y buenos deseos para el futuro...

Fui a mi armario y saqué todas mis pertenencias de él. Libros de texto de medicina, blocs de notas, papeles, mi saco de huesos. ¿Cómo podía pedirle a Marguerite que se casara conmigo si al terminar la guerra no tenía perspectiva de empleo alguno? Esto suponiendo que regresara con vida.

Pensé en lo fácil que resultaría subir al laboratorio, mezclar unos cuantos ingredientes en un tubo de ensayo y... Cierto que no tenía inteligencia suficiente para llegar a ser médico, pero sabía lo suficiente como para prepararme un buen veneno y no sería el primer estudiante de medicina en escoger este camino.

Este propósito anidó en mi mente solamente por unos segundos y fue contrastado por otra imagen. La de los suicidas que había visto, encadenados en el reino inmaterial, donde cada minuto podría ser una eternidad o cada eternidad un minuto. Se me representaron otra vez todas las escenas escalofriantes de quienes en vida se suicidaron. ¿Si no tenía fuerzas para enfrentarme con Marguerite aquella noche a causa de mi fracaso, como podría resistir mi frustración por toda una eternidad?

Vi aquellos torturados ojos, escuché sus repetidos y desesperados ¡Lo siento!; lamentos que nunca llegaban a ser percibidos por los oídos de aquellos a quienes iban dirigidos. Sabía que tal situación era la que me esperaba para toda una eternidad.

Acudí a la fiesta de mi cumpleaños. Apagué las 21 velitas soplando; abrí nervioso los paquetes envueltos con papel de regalo y atados con vistosos lazos y me reí con mis amigos cuando hacían sus chistes en torno al dinero que ganan los médicos. Luego, cuando todos se hubieron marchado, hablé con mi madre y con Marguerite y les conté la verdad.

Ambas reaccionaron maravillosamente, diciendo que siempre hay una cuarta parte de los alumnos que no pueden pasar los exámenes. Como yo, observó Marguerite, había otros tantos que se sentirían disgustados por los resultados de final de curso. Pero sus comentarios me entristecieron aún más, sabiendo que me veía obligado a rescindir mi compromiso con ella irremisiblemente.

"Inmediatamente", en el vocabulario del ejército, equivale a "después de un período de tiempo indiscriminado", y así fue, pasaron unas tres semanas hasta que fui llamado a presentarme al campamento de Barkeley. Partí de Richmond los primeros días de octubre, juntamente con otros tres ex estudiantes de medicina, que como yo, habían naufragado en sus estudios. Uno de los muchachos tenía un coche viejo, un Plymouth negro, y nos combinamos para hacer el viaje juntos.

Formábamos un silencioso grupo, devorando kilómetros en dirección al Oeste, una tarde de maravillosos colores otoñales. Yo pensaba en mi padre, allá en algún lugar de Francia. El gran día D hacía como cuatro meses que había quedado atrás y la unidad de mi padre estaba siguiendo a las fuerzas, desde las cabezas de puente en las playas francesas hacia el interior, a medida que los ejércitos aliados iban penetrando en el continente. Fue justamente durante estas avanzadillas cuando él hizo su gran aporte a la causa de la guerra. En la rápida retirada, los alemanes se vieron obligados a abandonar grandes cantidades de recursos naturales: especialmente en Francia y en Bélgica, al mismo tiempo que los soldados nazis se veían obligados a retirarse, inundaban las minas de carbón antes de que cayesen en manos de los aliados. Todo el mundo opinaba que habían quedado inservibles, al menos por muchos años.

El problema fue puesto bajo la responsabilidad de mi padre y en seis semanas las minas estaban otra vez produciendo carbón. Mi padre se convirtió en un héroe, su nombre salía en los periódicos y en los informes oficiales.

¿Y en cuanto a su hijo? De camino al campamento, de donde había salido hacía exactamente trece meses.

La única nota agradable en aquellas nostálgicas tardes de octubre fue una carta de papá, anunciándonos que le habían concedido un permiso para pasar las Navidades en casa. ¡En casa! Toda la familia junta... Excepto yo, que no tenía idea del lugar donde me hallaría por aquellas fechas.

Aquella primera noche de viaje llegamos hasta Cincinnati, ninguno de nosotros hablaba mucho, probablemente todos estábamos absortos en nuestros problemas personales. A la mañana siguiente nos levantamos un poco tarde y nos turnamos en el volante, durante la larga marcha que nos esperaba durante todo el día. Conversamos de nuestras novias, de las series de la televisión, de lo que habíamos pescado y de lo que habíamos dejado de pescar durante el verano... de todo menos de la Universidad y de la guerra.

Louisville, Memphis. La tarde del tercer día de viaje llegamos al Mississippi y nos dirigimos por el lado Sur a lo largo del río, cruzándolo por Vicksburg. En ambas orillas se extendían los interminables campos de trigo ya segado y de cañas de azúcar, millas y millas de rastrojos expuestos al sol de otoño y a lo lejos Vicksburg, Mississippi, sobre la altiplanicie. Pete estaba al volante y los demás estábamos pendientes de la señal de un puente, que figuraba en un mapa que teníamos como guía.

Entramos en la ciudad y Pete enfiló la misma calle a lo largo del río. – ¿Ven alguna indicación? –nos preguntó a los demás. Desde mi asiento trasero convenimos en que yo vigilaría la parte izquierda de la calzada.

En cuanto a mí no podía responderle. Hacía unos minutos que mi boca estaba seca y sentía mi estómago como dentro de un puño. Había algo en las características de aquella ciudad, en la cual nunca antes había estado, que me resultaba sorprendentemente familiar.

Estaba seguro de que nunca había puesto los pies en aquel lugar, y sin embargo identificaba cada uno de los detalles, a la vuelta de cada curva de la calle, siguiendo el curso del río. También las calles que iban desembocando a nuestro camino. ¡Allí! ¡Efectivamente, tal como supuse! Estaba seguro que al volver la próxima curva descubriríamos, pasados unos pocos bloques de casas, un edificio blanco con un techo rojo y la palabra "Café" en un letrero, con letras luminosas de neón encima de la puerta.

– ¡Allí está! ¡A la izquierda! –dijo uno de los muchachos en el asiento delantero, al lado de Pete señalando una indicación situada en un cruce-. El puente ha de estar en aquella dirección.

Pete aminoró la marcha y sacó la mano haciendo señal para girar a la izquierda.

– ¡Por favor! –Mi voz sonó como entrecortada–. ¡No te detengas, Pete! ¡Sigue adelante un poco más!

El muchacho que había descubierto la señal se volvió para mirarme y reafirmó:

– He visto la señal indicadora del puente por allí.

– Lo sé... Me gustaría que continuáramos un par de manzanas en esta dirección, simplemente.

Los tres que iban conmigo en el coche se quedaron mirándome. – Creo que he podido reconocer un lugar que me es familiar–, dije finalmente.

Pete se encogió de hombros y enderezando de nuevo el volante, me preguntó un tanto extrañado: – ¿Hasta dónde quieres que te llevemos?

Siguió adelante, a marcha lenta, mientras que mi corazón latía a gran velocidad y me era difícil decirles algo. Unos metros más adelante, al mismo lado del coche donde yo viajaba, en la esquina, estaba el café nocturno de techo rojo. El letrero de neón no estaba encendido porque aún había luz del día, pero el distintivo del bar colgaba en la parte derecha del mostrador.

Allí estaba la acera por donde caminé, codo a codo, con aquel hombre que no pudo verme. Allí estaba el poste de teléfonos, donde estuve un rato tratando de apoyarme... ¿Cuánto tiempo? ¿Qué clase de tiempo y en qué clase de cuerpo?

– ¡Para aquí –le grité, al tiempo que pasaba por delante del establecimiento. Pete arrimó el coche y paró al sobrepasar la curva. Me di cuenta que todos me estaban mirando con extrañeza. Se trataba de una calle sin ninguna particularidad, como las otras docenas de calles de aquella ciudad, o las que estábamos acostumbrados a ver en Richmond.

– Yo creía que nunca habías estado en Mississippi –observó Pete.

Tenía la mano fuertemente asida al agarrador del coche y noté que el sudor la había humedecido. Sentí ansias de saltar del coche para atravesar la calle hasta donde estaba el poste para tocarlo, para tener la seguridad de que ahora se trataba de una realidad. Quería abrir la puerta de aquel café para entrar y examinar cómo era por dentro. Aunque fuera solamente para preguntarles la hora que era. Necesitaba oír a las personas hablar, que contestaran a una pregunta mía, cualquiera que fuera su respuesta.

Solté el asa, aparté mis ojos del café y dije:

–Solamente quise comprobar que estaba ahí.

¿Qué más les podía haber dicho? ¿Que visité este lugar durante la noche que me hallaba hospitalizado en una cama de un hospital de Texas?

Pete dio la vuelta al vehículo un poco impaciente y siguió la señal del puente según teníamos marcada en nuestra ruta. A los pocos minutos cruzábamos el río.

Los demás miraron el mapa y siguiendo una línea con el dedo señalaron Abilene en Texas, pasando por Arkansas y Louisiana... en línea recta hacia el Oeste desde Abilene a Vicksburg, Mississippi. Al cruzar el ancho río, una voz en mi interior me dijo muy claramente:

¡Aquí fue! en Vicksburg, Mississippi. Aquí fue donde me paré durante mi largo viaje volando sin mi cuerpo. Aquí es donde me paré, y reflexioné, y desde aquí regresé...

# XII

En aquella ocasión solamente estuve dos semanas en el campamento de Barkeley. Los soldados que se habían estado preparando, naturalmente ya no estaban allí, habían sido enviados a algunos de los frentes de guerra. Otros contingentes de nuevas tropas estaban instalados en su lugar. Aprovechando mi parcial entrenamiento médico, me destinaron al Cuerpo Administrativo Médico. Por algunos días estuve pendiente del servicio específico, en el mismo hospital de campaña. Entretanto, la rutina del campamento era la misma de siempre: las marchas (diez horas diarias), en aquel desierto de polvo que se metía dentro de los ojos y hasta las partes más profundas de la garganta.

Mi primer permiso lo usé para hacer una visita a la teniente Irvine, que trabajaba en otro hospital no muy lejos del campamento. – Mala suerte –me dijo, cuando le conté mis resultados a la hora del exámen en la Facultad de Medicina en Richmond. Usted no estaba en condiciones de rendir normalmente, esto ya lo sabía yo cuando fue dado de alta después de su enfermedad. No se preocupe, verá como en la próxima ocasión las cosas saldrán mejor, después de que la guerra haya terminado.

Al verla tan llena de confianza en mi futuro, no me atreví a decirle los comentarios que el oficial de la Universidad hizo al despedirme. Lo que sí estaba deseando, era explicarle mi experiencia del último viaje de regreso al campamento, cuando descubrí el café en la ciudad de Vicksburg y comprobé el lugar donde estuve, al mismo tiempo que mi cuerpo físico estaba tendido en la pequeña sala del hospital.

Cuando lo intenté me acordé de mi fracaso al tratar de describirle mi experiencia a Marguerite. Aprendí de aquel fallido intento y lo pensé mejor.

Ciertamente, había experimentado un poder especial cuando decidí hacer partícipes a otros de lo que Jesús me había mostrado. Un poder que sabía que venía de Dios. Pero cada cosa tenía su tiempo, como el momento en que me abrí con mi madrastra, aquel fue el tiempo escogido por Dios, no por mí. Aquella noche, en el salón en Richmond, fue una oportunidad especial que se presentó sin proponérmelo. Aprendí que no era cuestión de decidir según mi razonamiento, cuándo y cómo tenía que compartir la experiencia recibida. Por esto fracasé a la hora de intentar discutirlo con Marguerite.

Los primeros días de noviembre, fui enviado al campamento Rucker, en Alabama, para unos cursos de preparación médica para trabajar como ayudante de cirujano, en el hospital para evacuados de la 123 compañía. La guerra en Europa estaba en su punto álgido y se reclutaban tropas rápidamente, para ser enviadas al continente de inmediato. Tardamos un fin de semana más en marchar, unos días antes de la fiesta de acción de gracias, nos dieron un brevísimo permiso, que aproveché para ir a Virginia y visitar a Marguerite y a mi familia. Mi madrastra aún estaba esperando que papá viniera a casa para pasar las Navidades, y ahora que me había hecho toda la ilusión de verlo, tuve que marcharme a Francia con el ejército.

La 123 compañía fue colocada en un tren desde el campamento de Rucker, el mismo día de Nochebuena de 1944, con dirección al campamento de Kilmer en New Jersey, para embarcar desde allí. Aquella noche, tratando de dormir en el asiento del ferrocarril, mis pensamientos volaban hasta los días de la anterior Navidad, cuando me desperté tendido en la cama del hospital, con un terrible dolor en el pecho y el recuerdo de la más deliciosa presencia que jamás había experimentado.

¿Dónde habría estado Jesús, durante todo el año transcurrido desde nuestro encuentro? Él no pudo haber cambiado, ni desaparecido. Aquella Luz era demasiado real y penetrante para poder pensar en algún lugar que no llenara con su potencia. Sin embargo, ahora no pasaba de ser un conocimiento dentro de mi cabeza. ¿Por qué significaba tan poco en mi manera de ser y de hacer las cosas de mi vida? Ante un hecho tan transcendental, me decía para mis adentros, deberían haberse efectuado cambios más significativos en mi persona. La visión, aunque imperfecta, de aquel amor que llenaba el universo, debería tener un efecto sobre mis desventuradas experiencias posteriores.

Pero allí estaba yo, sin ver ninguno de estos espectaculares resultados, terriblemente bajo de moral, soportando la irritante humareda de un sargento que estaba fumándose un puro pestilente un par de asientos delante de mí. Por si fuera poco, tenía que aguantar las bromas de mal gusto de la mayoría de los soldados de la 123 compañía, quienes se burlaban de mi acento sureño, al considerarse superiores por el solo hecho de vivir en el Norte. En vez de no dar importancia a todos ellos, como era mi manera de ser, me sentía extremadamente molesto y humillado.

Hacia la madrugada, el tren se paró por más de una hora en una vía muerta, en algún lugar del largo trayecto. Cerca de la línea del ferrocarril pasaba una carretera y ocasionalmente veíamos cruzar los faros de los coches que circulaban por ella. Sus luces iluminaban circunstancialmente nuestros rostros. Pronto rompió el alba y cuando pudimos distinguir el lugar donde nos hallábamos, me subió un nudo a la garganta. ¡Estábamos en Acca muy cerca de Richmond, Virginia, a menos de una milla de mi propia casa!

Allí mismo se hallaba la fábrica de locomotoras de la firma más antigua de Federicksburg, y la línea férrea de Potomac donde mi abuelo Dabney solía llevarme para ver los trenes pasar. ¡Y aquel puente! ¡Cuántas veces lo había atravesado montando mi bicicleta, cuando iba desde la casa de mis padres hasta la finca de Moss Side!

Era Navidad, aquella misma mañana mi familia se hallaba a menos de una milla de donde el tren estaba parado, justamente al otro lado del bosque, enfrente de donde estábamos detenidos. La añoranza experimentada durante todo el viaje, se hizo sentir como un río al desbordarse. Me preguntaba si Henry ya se habría levantado y si Bruce Gordon ya estaría despierto en la cama (ambos eran siempre los primeros en salir de la cama la mañana de Navidad). ¿Habría llegado mi padre la noche anterior? ¿Después de la larga separación, en distancia y en tiempo a causa de la guerra, estaríamos todos a menos de una milla, los unos de los otros, en aquel momento?

A eso de las siete de la mañana el tren dio una sacudida, las ruedas empezaron a chirriar y el convoy se puso en marcha otra vez. Acelerando, muy despacio a veces, otras largas paradas, nos tomó todo el día hasta llegar al campamento de Kilmer. Fue el día de Navidad más largo de mi vida.

Desde una cabina de teléfonos del mismo campamento llamé a mi casa. Mi padre estaba allí, había llegado en Nochebuena.

El día para embarcar nadie lo sabía, lo único que nos dijeron es que se otorgaban pases de 28 horas a quienes lo deseasen. Este tiempo no era suficiente para viajar a Richmond y regresar, pero sí podría trasladarme hasta Washington y volver.

Nos pusimos de acuerdo y mi familia tomó un tren desde Richmond hasta Washington, mientras yo viajaba hasta allí desde Nueva Jersey. Los vi a todos desde la plataforma de mi coche antes de que el tren llegara a término, me costó un poco identificar a mi padre, su pelo se había vuelto gris... estaba al lado de mi madrastra. Cuando partió para Europa tenía el cabello negro y brillante. El color de su pelo y las arrugas de su rostro hablaban de los sufrimientos y privaciones de la guerra. En cuanto a él, personalmente solo mencionaba cosas alegres e interesantes: lo bien que estaban todos en casa y lo emocionante que sería para mí conocer Francia y la vida en Europa. Solamente dispusimos de media hora, sentados en una sala de espera donde cientos de personas estaban hablando a la vez. Pronto anunciaron la salida del tren para Nueva Jersey. Desde la ventanilla nos dijimos adiós hasta perdernos de vista, en medio de una multitud que despedía a tantos soldados que iban a la guerra como yo.

# XIII

La 123 compañía del Hospital para evacuados embarcó en el buque Brasil, el día de Año Nuevo de 1945. A la subida, la Cruz Roja nos obsequiaba con donuts y una banda interpretaba para nosotros el "Mi mamá no me lo había dicho". Tres días después, nuestro convoy tuvo que enfrentarse con una terrible tormenta, al Norte del Atlántico. La 123 compañía estaba alojada en la parte superior del barco, debajo del puente del capitán, pero a pesar de la altura, durante dos días las olas se estrellaban contra la pared de nuestros camarotes y el agua se filtraba por debajo de las puertas. En estas condiciones, la cocina solamente funcionaba para servirnos huevos hervidos y muchos de nosotros estábamos tan mareados, que ni aún esto podíamos aguantar en nuestros estómagos.

Por si fuera poco, aquella zona estaba plagada de submarinos alemanes al acecho de los barcos militares que atravesaban el óceano. Durante horas y horas de tensión, nos quedábamos tendidos en nuestras literas agrupadas de cuatro en cuatro y oyendo cómo las cargas de profundidad iban explotando debajo del agua, a no muchos metros de distancia.

Contemplando las tensas miradas en los rostros de mis compañeros reflexionaba sobre dos cosas. En la posibilidad de tener que usar los botes salvavidas en medio de aquella helada tormenta y en el peligro de ser alcanzados por un torpedo de los submarinos enemigos. Estaba tan asustado como los demás. Las posibilidades de morir, el miedo al dolor y el mismo pánico, me afectaban como nunca me lo hubiera imaginado.

En cuanto a morir simplemente, no lo temía, en algunas ocasiones lo deseaba incluso. ¡Finalmente estaría con Él!

Así podría librarme de hacer aquel terrible viaje, cuyo propósito era cruzar el mar para matar enemigos, al mismo tiempo que entre nosotros mismos no existía amor.

A las cuatro de la madrugada del 16 de enero, nuestro barco ancló en medio de una espesa niebla cerca del puerto francés de Le Havre. Al amanecer nos amontonamos en cubierta para ver qué aspecto tenían las costas de Europa. Lentamente se hizo de día y cuando la niebla se levantó distinguimos un tétrico espectáculo: un montón de hierros retorcidos que habían sido un barco... y otro montón y otro. Paredes medio derruidas de lo que habían sido grandes edificios... Para la mayoría de nosotros, era la primera vez que contemplábamos una ciudad bombardeada.

El puerto estaba tan lleno de chatarra, que nuestro buque tuvo que amarrar varias millas mar adentro y nos desembarcaron con lanchas. Nos hicieron formar y al poco rato subíamos a un convoy de numerosos camiones, en dirección al campamento de Lucky Strike, un punto estratégico a unas sesenta millas tierra adentro. Los camiones tenían como dos pulgadas de nieve en el suelo que crujía al estar helada, cuando la pisábamos con nuestras botas. Muchos se acurrucaron para protegerse del viento durante la marcha. Yo preferí mirar las calles mientras atravesábamos la ciudad. Pasamos por delante de casas destruidas por completo; algunos jirones del papel, que habían estado pegados a las paredes, eran arrastrados por el frío viento invernal. Me acordé de mi padre, de sus cabellos grises y sus arrugas en la cara. Comprendí mejor lo que habría sido conquistar aquellos lugares a partir de un desembarco.

Inmediatamente de llegar al campamento de Lucky Strike, plantamos las tiendas de campaña y nos metimos dentro frotándonos pies y manos para recobrar la sensibilidad. Luego nos colocamos en la cola para la comida. A la mañana siguiente, mientras esperábamos para recibir el desayuno, entró un Jeep a toda velocidad en el campamento, dando la noticia de un accidente de ferrocarril. Sin mucha información detallada, montamos en varios camiones para prestar auxilio. Por el camino fueron llegando noticias: era justamente un tren transportando tropas que habían llegado como nosotros en el buque Brasil. Habían sufrido un sabotaje.

Según fuimos informados más tarde, nuestra unidad fue la primera en desembarcar y la única que había sido transportada inmediatamente al campamento por carretera. El resto de las tropas, varios miles de soldados, habían sido colocados en un largo tren de mercancías, que en tiempos de paz se destinaba al transporte de caballos. Hasta media noche no partió el convoy por ferrocarril. A causa del estado de las vías habían viajado lentamente la noche entera y cuando se hallaban cerca de la estación de St. Valery-en-Caux, el tren fue desviado misteriosamente a una vía muerta y se estrelló contra uno de los edificios de la estación. El tren viajaba a una respetable velocidad y el muro con el que chocó era muy resistente.

Nunca había visto, ni pude imaginarme, una carnicería tal. Muchos de los hombres murieron en el acto, otros quedaron medio aplastados entre los retorcidos hierros, amontonados, gritando de dolor y pidiendo desesperadamente ayuda. Recogimos brazos y piernas, luchamos para separar heridos, atrapados entre los restos de los destrozados vagones. Mi tarea inmediata fue asistir a un capitán médico en una enfermería provisional, montada dentro de una tienda de campaña. El problema era que las provisiones médicas aún no habían podido ser desembarcadas. Durante horas solamente pudimos disponer de vendajes, unas tijeras, jeringas y morfina para inyectar a los que no podían resistir el dolor.

Fue mi primera experiencia ante el dolor humano, en toda su crudeza. Siempre había pensado que me gustaría ayudar a personas sufriendo. Pero me imaginaba problemas corrientes, como el caso de mi abuela Dabney cuando sufría de artritis.

El sufrimiento que contemplaban mis ojos no era causado por una enfermedad o una desgracia. El mal había sido causado intencionadamente por unos hombres, con el propósito de destruir a otros hombres. Lo más terrible, fue pensar que nosotros nos estábamos preparando y habíamos llegado a Europa con el mismo propósito. Siendo que el odio había llegado hasta aquel límite. ¿Por qué desear vivir en un mundo de esta naturaleza?

Al final de la pesadilla de aquel día, cuando la última víctima fue trasladada al hospital más cercano, no pude menos que preguntarme: ¿Por qué a tantos les ha sido permitido terminar esta desagradable existencia y a mí se me ha condenado a permanecer?

Vi a tantos muchachos de mi edad morir en las últimas veinticuatro horas que, con excepción del sufrimiento, sentí envidia de todos ellos. ¿Por qué justamente nuestra unidad había hecho el viaje con los camiones, en vez de viajar por tren como los demás?

Esta pregunta volvió a atormentarme una y otra vez durante las semanas siguientes, en cada ocasión, que me hallé a unos pasos o a unos metros o a un salto de la presencia, o expresado en términos más corrientes, a un paso de la muerte.

Desde el campamento Lucky Strike, la 123 compañía para evacuados fue trasladada a Rethel, como unas trecientas cincuenta millas más al Este, para poder atender a las tropas directamente de las zonas de combate. Montamos nuestra "ciudad" –una carpa monumental que servía de hospital, de dormitorio, de capilla, etcétera– sobre los terrenos de un castillo abandonado. Sus altos ventanales estaban sin un cristal y las hierbas crecían por el camino a su alrededor.

Allí nos instalamos para cuidar a los heridos y a los soldados moribundos que llegaban continuamente del frente. Mi anhelo de morir cada día era más ardiente, llegó a ser una obsesión. Llegué a pensar que el hecho de vivir era una especie de castigo, impuesto sobre mí por el ser cuyo amor era el todo.

Sentado sobre el tronco de un árbol, detrás del castillo, me pregunté una tarde qué significaba la vida para mí. Le pedí otra vez a Dios que me llevara a su presencia, en aquel mismo momento, un sargento apareció corriendo por el camino que circundaba el castillo y gritando como de costumbre, dio una voz:

– ¡Firme, soldado! Preséntese inmediatamente en la carpa de urgencia. Hay un sargento que ha llegado con una rodilla destrozada.

Al momento estaba allí y enseguida distinguí en la guerrera que tenía al pie de su camilla, los galones de un oficial del ejército del aire. Por regla general este tipo de militares –al menos los que había tratado– solían ser mal hablados, de mente cerrada y bastante brutos.

– ¡Hola! Me llamo Jack Helms. ¿Cómo te llamas tú?

Mirándome desde su litera, con ojos de haber sufrido mucho y con síntomas de habérsele inyectado morfina, vi a un muchacho más o menos de mi edad. Evidentemente estaba sufriendo mucho, sin embargo, tan pronto como le dije mi nombre, me preguntó un montón de cosas de mi vida; de dónde era, qué cosas me gustaban hacer, si tenía hermanos o hermanas. Luego, me dijo que hablando tenía la sensación de que sentía menos el dolor o al menos desviaba la mente para no pensar tanto en él.

A pesar mío, mientras le estaba cambiando la ropa, hallé que también conversaba con él y que le hacía preguntas. Me contó que era de El Dorado, Arkansas y que había trabajado en un restaurante allí.

Aquella misma mañana que ingresó, estaba conduciendo un Jeep y cuando menos se lo esperaba, pisó una mina que le explotó en el acto; afortunadamente pudo contarlo y fue el único herido entre los que viajaban en el vehículo.

Cuando vino el médico, le examinó la herida y me dio las instrucciones para la cura. Terminado mi trabajo no tenía por qué quedarme allí, pero permanecí con él un rato más. Algo tenía este hombre, Jack, –a él no le gustaba que lo llamáramos por su categoría militar– que me atrajo desde el principio. Me recordaba a alguien, pero no podía decir a quien. Tenía una complexión fuerte y era muy alto; con su piel curtida por el frío y el calor, ojos oscuros, pero con una sonrisa amable e inconfundible. Cuando se reía, su boca se ensanchaba de oreja a oreja y daba la sensación de que llenaba el recinto donde se hallase, de simpatía y de luminosidad.

Yo había tratado heridas de rodilla en otras ocasiones y sabía lo dolorosas que eran. Pero Jack nunca mencionó sus molestias. Daba la sensación que estaba más preocupado por mis problemas, que por los suyos propios. Una vez le conté mi fracaso en la Facultad de Medicina y desde aquel día siempre me animaba a que continuara mis estudios cuando la guerra terminara, que lo intentara de nuevo. Luego desviaba su conversación, para comentar los éxitos que tendría ejerciendo como doctor.

Un día, le conté la despedida que me dio el funcionario al entregarme el suspenso y él rompió en una de sus características carcajadas.

– La gente es capaz de decir montones de cosas sin sentido. Si no me equivoco, él ya no estará en aquel colegio cuando tu vayas de nuevo a matricularte.

Como auxiliar en el hospital de campaña me tocaba hacer toda clase de trabajos, desde repartir las bandejas para las comidas hasta poner inyecciones y vestir a los compañeros que morían. Como tantos otros auxiliares, me pasaba las horas pendiente del reloj y con ganas de terminar la jornada. Pero desde que conocí a Jack, ante mi propia sorpresa, no me daba cuenta de cómo pasaban las horas y en más de una ocasión trabajaba una y dos horas extras. ¿A quién me recordaría Jack, que me hacía sentir tan feliz en mi trabajo, aun cuando no me hallaba en su compañía?

Otra cosa curiosa. El segundo día de estar el sargento Jack hospitalizado, se presentó un oficial de más alta graduación militar, preguntando por el sargento Helms. Yo estaba acostumbrado a la rigidez del sistema de castas militares y me sorprendió el trato que Jack recibía de su superior. Se sentó al pie del camastro y por espacio de una media hora conversaron juntos. Luego me comentó Jack, que se trataba del capitán que estaba en el Jeep cuando la mina explotó y les volcó el vehículo.

– Yo conducía y es natural que ahora él se interese por mí.

Estaba descubriendo que este comportamiento "natural", era "natural" solamente cuando tenía relación con la persona de Jack. Lo que más me llamaba la atención es que él daba un tratamiento igual de cortés a todos cuantos le hablaban, lo mismo si eran de mayor o de menor graduación... incluido a mí. Para él, lo mismo era el cirujano que le operó la rodilla, que el humilde auxiliar que le curaba sus heridas o le cambiaba las sábanas.

Durante una semana, Jack anduvo rengueando con la ayuda de un bastón y todos los ratos libres que yo tenía los pasaba con él, paseando por los alrededores del castillo donde antes habían crecido las flores, en aquellos abandonados jardines. Días después, incluso salíamos hasta la carretera que conducía a Rerhel. Me sentía muy feliz al poder ayudar al soldado del ejército del aire, en su período de recuperación. Al mismo tiempo me daba cuenta, y creo que Jack también era consciente de ello, de que él era motivo de una importante recuperación en mi persona.

Mientras paseábamos, hablamos de todo lo imaginable: de la universidad, de la niñez, de nuestras aspiraciones, de la trayectoria de nuestras respectivas vidas. Cada día estaba más convencido de que trataba con una persona que ya había conocido en algún momento de mi vida. Jack era un cristiano consagrado, luego me enteré que era protestante, a pesar de que frecuentaba la iglesia católica, en atención a la familia que lo había adoptado desde pequeño y hacia quienes tenía profundo agradecimiento y admiración.

Una noche, sin haberlo pensado antes, me encontré compartiendo con él la experiencia de la memorable noche en el hospital del campamento de Barkeley. Fue una situación semejante a la que se dio cuando comencé a contárselo a mi madrastra. Comencé explicándole que me sentí indispuesto, que fuimos al cine aquella noche, mientras nos hallábamos en la sala de recuperación. Las palabras me salían con una fluidez desacostumbrada en mí. Continué relatando cómo me trasladaron con una ambulancia a rayos X, mi pérdida de conocimiento y mi inusitado "viaje" por las calles de Vicksburg, intentando entablar conversación con el transeúnte.

Esta era la segunda vez que me sentí capaz y liberado para testimoniar mi experiencia. Por las reacciones de Jack y las expresiones de sus ojos, pude comprender que mi amigo nunca había oído cosa semejante, ni aún remotamente. En más de una ocasión, creí adivinar que le costaba creer lo que estaba escuchando de mi boca. Le describí la Luz cuando entró en mi limitado cuarto y cómo la totalidad de mi ser quedó envuelto en su amor indecible...

Por unos momentos, fijé mi atención en Jack. Recordé el desagradable sentimiento que tuve cuando lo vi por primera vez, influenciado por mis prejuicios y luego la sorpresa de hallarme ante una persona tan agradable, que me hacía recordar un carácter tan familiar a alguien entre mis mejores amigos...

Era justamente Jesús quien me había estado mirando por medio de los ojos de Jack Helms. No había duda de ello.

Su manera de ser, receptiva. Su solicitud. Su alegría. ¡Naturalmente que me eran familiares! Mi primer encuentro con Él fue en la pequeña habitación en un hospital de Texas, y ahora, a cinco mil millas de distancia, lo volví a encontrar en este castillo abandonado en Francia. Esta vez eran solamente ecos imperfectos, que me llegaban por medio de otro ser limitado, falible, humano. Pero al menos, estaba seguro de quién me venía el mensaje.

Era tanta la carga emocional sobre nosotros, que al regresar al campamento por el camino que habíamos salido, ninguno de los dos pronunció una palabra. Jack no me obligó a que le explicara con más detalle el relato que acababa de exponerle, parecía como si él percibiese que mi mente estaba poniendo en orden pensamientos muy importantes.

La soledad y la añoranza sentida por mí durante todo aquel año, la alienación del mundo a mi alrededor y la tristeza que me embargaba. ¿No sería todo ello, resultado de mi anhelo por recuperar la seguridad de su presencia? ¿Será posible recuperarla? Estas preguntas asaltaban mi mente mientras, al lado de Jack, caminábamos de regreso a nuestros puestos.

La persona que me acompañaba, era un reflejo de la "aquí-y-ahora" presencia, conocida en mi experiencia. Me di cuenta de que en realidad, Jesús estuvo presente siempre. Naturalmente, porque Él está siempre presente. No tenía sentido el que yo buscara en el pasado o en algun lugar lejos de mí. Durante los quince meses que habían quedado atrás, me sentí solo por no haberlo descubierto cerca de mí. Desde aquella tarde, caminando por la carretera de Rethel, supe qué debía hacer para sentir la presencia de Jesús en mi vida (y esto es lo que deseaba por encima de todas las cosas) tenía que descubrirlo en la gente que Él me ponía en el camino cada día.

Llegábamos a los alrededores del castillo cuando todos estos pensamientos, como un torbellino, se agitaban dentro de mi cabeza. Dimos la vuelta por el camino de entrada. Allí estaba el tronco del árbol donde me había sentado a meditar, hacía escasamente un par de semanas, donde oré a Dios pidiéndole la muerte. Pero en aquel momento, había recibido una nueva visión del significado de mi vida. Ya no deseaba morir, sino vivir, vivir la maravillosa vida con la presencia de Jesús en mí.

En un sentido, Jesús contestó mi plegaria cuando le pedí que me llevara con Él. En un sentido (que entonces no sabía) había muerto, pero para revivir con Él.

Por primera vez en muchos meses, pude prescindir de sentir compasión de mí mismo y de concentrarme en mis problemas. Hasta entonces, no me había dado cuenta que justamente este egocentrismo me impedía ver con simpatía los problemas de los demás. Las heridas de la rodilla de Jack y el interés para que se curara, habían sido las dos cosas que ocupaban mi mente en primer lugar, durante las dos últimas semanas; mi dedicación a él hicieron posible que me olvidara de mí mismo. Y al quedarme en segundo plano, descubrí a Cristo tan cerca de mí. –¡Qué extraño!–, pensé, cuando en Texas lo vi fue después de haber muerto. Me pregunto si la condición para verlo será que alguna parte de mi yo debe morir antes.

Jack regresó a su compañía una semana después, pero durante aquella semana, nuestra amistad creció de tal manera que ha durado más de treinta años y aún continúa. Hoy vive en Malibú Beach, en California, y yo en Charlottesville en Virginia, no nos vemos a menudo, pero cada vez que tenemos oportunidad de hacerlo, es como si lo hiciéramos al día siguiente de habernos despedido, después de aquel paseo por la carretera de Rethel en Francia.

Aquello fue un nuevo principio para mí, aquel paseo por el campo, durante aquella tarde comenzó a integrarse la experiencia del más allá que tuve en Barkeley, Texas, la que cambiaría el sentido del resto de mi existencia. Mi primer paso, fue el darme cuenta que no servía de nada anhelar una repetición de lo sucedido, que para volver a contemplar a Jesús, tenía simplemente que abrir los ojos de la fe y descubrirlo en mi prójimo.

Eso no resultaría fácil para un joven soldado, después de vivir toda su vida en un pequeño pueblo sureño. Los católico-romanos, los judíos, los negros –según me habían enseñado– no solamente eran diferentes a mí, sino que yo era mejor que todos ellos. Pero Jesús, en su misericordia, me colocó en la 123 compañía para evacuados, y comenzando desde Jack –porque Jack me sería fácil de comprender–, me mostró su presencia en la persona de un judío de Nueva York, un italiano de Chicago y un negro de Trenton.

También descubrí algo más: en la medida que aprendía a distinguir a Cristo en los demás hombres, menos deprimido me sentía ante la muerte y el sufrimiento, tan constante en nuestro hospital de campaña. A simple vista parece que debería ser lo contrario, pero cuanto más lograba amar a mis compañeros, más podía hallar la fuerza para compartir con ellos el dolor, no resultaba fácil, pero sí posible y, especialmente, recomendable.

Hasta entonces, no había hecho más que sublimar mi experiencia de Texas. Disfrutaba solamente cuando lograba revivirla en mi imaginación, porque solamente trataba de representarme la parte agradable de la misma; voluntariamente ignoraba el "otro reino", tan real como el celestial, es decir, las horribles escenas de agonía de los seres inmateriales. Cada vez que había deseado la muerte era ante circunstancias de desastre, como el accidente de ferrocarril en St. Valery. No resistía el dolor y la desgracia, me sentía alérgico a lo desagradable. Por esto, deseaba los lugares mejores que Jesús me había mostrado. Pero fui dándome cuenta de que yo mismo me engañaba, en mi visión del más allá, había visto lo bueno y lo malo, lo positivo y lo negativo, lo intensamente luminoso y lo terriblemente negro. ¿Por qué el lado malo de mi experiencia no había marcado mi espíritu, como lo había hecho el lado bueno?

Unos días después de la partida de Jack, comencé a leer la Biblia con detenimiento y una mañana llegué al Salmo 139:8, donde dice: "Si subiere a los cielos, allí estas tú; si en el Sheol hiciere mi estrado, he aquí que allí tú estás." ¡Naturalmente que ésta era la respuesta que yo buscaba! Jesús estaba conmigo, incluso cuando me fueron mostradas las escenas del Sheol, fue porque lo pude ver a la luz de su presencia que me era posible resistirlo. Con Jesús, hasta el propio infierno pierde su fiereza y horror.

Cuando la guerra terminó en mayo del 1945, la 123 compañía del hospital para evacuados entró en Alemania, juntamente con las demás tropas que habían estado en el frente europeo. Nos asignaron a una agrupación para atender a los prisioneros recientemente liberados y concentrados en el campamento de Wuppertal. La mayoría de ellos eran judíos procedentes de Holanda, Francia y Europa del Este. Aquello fue una de las experiencias más impresionantes de todo el tiempo de guerra y postguerra. Llegué a familiarizarme con la muerte y la sangre de los heridos, pero ahora me hallaba ante las consecuencias del hambre, del odio y del terror provocado por odio. Aquellos hombres habían estado muriendo lentamente en vida, la mayoría ya no lo contarían; muchos de los que fueron rescatados murieron irremisiblemente, a los pocos días de intentar hacer algo en su favor. Otros llevarían las señales y las consecuencias de aquel infierno, a pesar de la medicina y los cuidados recibidos.

Ahora, más que nunca, necesitaba asirme a mi nueva concepción de la vida. Cuando la maldad me resultaba insoportable y la miseria humana me ahogaba, buscaba la solución en la lección que había aprendido. Comenzaba a caminar de un extremo al otro de aquel recinto, cercado de alambradas, en busca de un rostro que me mirase con el amor que Cristo me miró.

De esta manera vine a conocer Wild Bill Cody. Ese no era su nombre real. Su apellido consistía de siete sílabas, imposibles de pronunciar correctamente, a no ser por quienes hablasen el idioma polaco, y a pesar de que hacía tiempo que se había afeitado sus largos bigotes rizados, al estilo de los viejos héroes del Oeste, los soldados americanos continuaban llamándole Wild Bill. Era uno de los internados en el campo de concentración, pero obviamente no hacía mucho tiempo que estaba allí: su aspecto fuerte, sus ojos brillantes, su energía lo hacía infatigable. El dominio perfecto del inglés, francés, alemán y ruso, y naturalmente el polaco que era su lengua materna, hicieron de él como una especie de intérprete extraoficial del campamento.

Todo el mundo acudía a él con toda clase de problemas. Solamente el papeleo, necesario para ir clasificando a los ex-prisioneros y la búsqueda de sus respectivas familias esparcidas por todo el mundo, era un trabajo sin límites. Wild Bill trabajaba quince y hasta dieciseis horas al día, sin dar señales de cansancio y sin expresar queja alguna. Cuando los demás nos sentíamos extenuados, él parecía recobrar las fuerzas por arte de magia.

– Hemos de solucionar el problema de este muchacho, –solía decir–. Ha estado casi todo el día esperando que lo ayudemos–. Su interés y compasión, en favor de sus compañeros en el campo de concentración eran admirables y su desinterés ejemplar para cuantos convivíamos con él.

Pero mi gran sorpresa fue cuando un día cayó en mis manos su documentación, me di cuenta de que él estaba recluido allí, en calidad de prisionero de guerra, desde el año 1939. ¡Durante seis largos años había sobrevivido con una escasa ración de comida y había dormido en aquellos barracones, donde la enfermedad y los parásitos estaban a la orden del día! En medio de tal situación, él había sido capaz de servir a los demás.

Más sorprendente aún. Todos en el campo lo consideraban amigo personal. Cuando había una pelea, acudían a él para que actuara de árbitro y decidiera cómo lograr las paces. Solamente después de haber estado en Wuppertal, pude darme cuenta de lo excepcional de su persona. Justamente allí, donde parecía que cada uno odiaba a su compañero, tanto como todos ellos odiaban a los alemanes.

En cuanto a la fobia contra los alemanes, era tan aguda, que en los campos de prisioneros liberados por los aliados, se daban casos en que los que habían sufrido en poder de los nazis se apoderaban de fusiles y mataban a cuantos alemanes encontraban a su paso, lo mismo si eran militares o civiles. Parte de nuestra responsabilidad encomendada, era prevenir estas reacciones y en este aspecto Wild Bill nos fue de incalculable ayuda, aconsejando y apaciguando a los resentidos y perjudicados.

– No resulta fácil para algunos de estos hombres el perdonar a sus enemigos –le comenté un día, mientras tomábamos una taza de té juntos, en el centro de rehabilitación social–. Muchos de ellos han perdido familiares, a causa de la violencia de la guerra.

Wild Bill se reclinó un poco sobre su silla y tomó un sorbo de su taza.

– Nosotros vivíamos en el distrito judío de Varsovia, –comenzó diciendo con toda naturalidad. Estas eran las primeras palabras que le oí decir acerca de sí mismo o de su familia–; mi esposa, nuestras dos hijas y nuestros tres hijos más pequeños. Cuando los alemanes ocuparon nuestra casa, nos colocaron en fila, adosados contra la pared y abrieron fuego con sus ametralladoras. Les rogué que me mataran junto con toda mi familia, pero como vieron que hablaba alemán, polaco y ruso me dijeron que necesitaban mis servicios.

Al terminar esta frase siguió un largo silencio. Tal vez se le representaron otra vez su mujer y sus hijos.

– Entonces tuve que decidir –continuó diciendo– si vivir odiando a aquellos soldados que asesinaron a los míos, o si era capaz de perdonarlos. La verdad es que la decisión fue fácil, aunque parezca extraño lo fue. Mi profesión era abogado. En el ejercicio de las leyes, había podido comprobar hasta dónde llega la fuerza del odio de los humanos. Su efecto sobre el cuerpo y la mente de los hombres. El odio acababa de matar a las seis personas que más quería en el mundo, por lo tanto decidí dedicar el resto de mi vida, fuese larga o corta, a amar a toda persona que se cruzara conmigo.

Amar a cada persona... esta fue la fuerza que mantuvo física y moralmente a este extraordinario hombre, en medio de la miseria y de la privación más extrema. Este era el poder que conocí estando en el hospital de Texas, dentro de la pequeña habitación del hospital de campaña. Ahora, me iba dando cuenta de que el mismo poder se podía reconocer en aquellas personas que Él había escogido, para brillar o iluminar en este mundo. Da lo mismo si los hombres se dan cuenta o no, esta es la realidad.

Regresé a los Estados Unidos, después de mis servicios en el período de la ocupación en Alemania, en 1946. Marguerite y yo nos casamos al año siguiente. Cuando llegó el momento de abrirme a ella, para contarle mi experiencia pasada en Texas durante la guerra, sucedió como en las dos últimas ocasiones, las palabras fluyeron con facilidad, logré hacerme comprender por ella y nos ayudó a compenetrarnos en el amor.

Entre tanto, el presentimiento de Jack Helm resultó realidad; el administrador que me había jurado oponerse a mi reingreso a la Facultad de Medicina de Virginia, había sido destinado a otro lugar. En su lugar estaba el profesor Sidney Negus, el mismo que me había suspendido en bioquímica. Pero esta vez estaba seguro que no cometería los mismos errores de antaño. Sabía muy bien que mi fracaso comenzó cuando aparté mis ojos de Jesús y concentré la atención en mí mismo.

A partir de entonces, no me preocupé tanto por mis notas ni tuve miedo de mis antecedentes, el resultado fue que terminé mis estudios sin dificultades.

No obstante, desde el principio de mi carrera, descubrí lo que todos los médicos sabemos: la medicina no tiene todas las respuestas ni puede solucionar todos los problemas, ni tampoco puede curar a todos los enfermos. Ante mi incapacidad para curar a un paciente, como sucede tan frecuentemente, ruego a Dios en favor del enfermo, en silencio, a veces mezclando la plegaria con suspiros, pidiendo a Jesús que me ayude a hacer un diagnóstico acertado, orando para que mi tratamiento sea el adecuado. Además, Marguerite y yo formamos el hábito de ponernos de rodillas cada noche, juntos, intercediendo por mis pacientes y mencionándolos por su nombre al médico de los médicos.

Continué leyendo la Biblia en la intimidad. Era curioso comprobar que aquellas páginas, que resultaban tan aburridas cuando las estudiaba en la Escuela Dominical, ahora contenían auténticos tesoros para mí. Ahora comprendía por qué los discípulos, ante la llamada de Jesús en las orillas del mar de Galilea, dejaron sus redes y lo siguieron. Claro que lo hicieron, ¿quién puede resistirse a la llamada de Jesús? Al proclamar Él: "Yo soy la luz del mundo", solamente era necesario mirarlo para comprobar la eterna verdad.

Pero si la experiencia me había capacitado para ver el sentido de la Biblia, más cierto era que leyendo la Biblia sistemáticamente, llegué a una interpretación correcta de mi experiencia del amor sentido en su presencia, meditando profundamente los hechos de la pasión del Señor llegué a poseer la certeza de mi salvación. Me di cuenta de que no podía condenarme por todos mis pecados. Él los clavó en la cruz. Su muerte fue mi muerte y su resurrección llegó a ser mi resurrección. Él pagó por todos mis pecados y mi vida tenía el signo y el sello de su resurrección.

¿Cómo relacionar todos estos eventos cósmicos con el día que di testimonio de fe en la iglesia, cuando sólo tenía once años de edad? No lo puedo comprender. Pero leyendo la Biblia empecé a entender cuán importantes son para sus planes, nuestras vidas en la tierra.

¡Cuán equivocado estaba yo a bordo del buque Brasil, en St. Valery en Rethel cuando me detestaba a mí mismo, pidiendo a Jesús que me quitara la vida para desaparecer de este mundo! Ignoraba completamente la misión que Él quería encomendarme y el privilegio que sería para mí, llevarla a cabo en la vida.

Volví a recordar la visión de las almas en desesperación que vi en la parte del reino extraterrenal, atrapadas en sus propios odios y egoísmos, sin posibilidad de alcanzar lo que tanto desearon. Por alguna razón eran personas que en su existencia, corta o larga sobre la Tierra, no habían avanzado más allá de sus propios intereses y por eso vivieron insatisfechos y continuaban estándolo en el más allá.

Por otra parte, no dudaba de que muchos de los jóvenes que perdieron su vida en los campos de batalla, en Europa o en otros lugares donde la guerra hizo estragos, estaban bien preparados para presentarse ante la presencia de Dios. Ciertamente que en aquel tiempo yo no estaba aún preparado. Con mis prejuicios, mi egoísmo, mi propia preocupación. ¿Cómo pude ser tan atrevido de pedir la muerte? En mi anhelo de estar con Jesús, me había olvidado del camino que Él mismo me había mostrado. Me acordé de aquella multitud de seres inmateriales interesados y luchando por la superioridad personal, para sobrevivir a los demás... ¿No habría estado yo pidiendo a Dios un tipo de existencia futura como la que ellos tenían? ¿Cómo había podido llegar a pensar, que ya había terminado la misión que Dios había puesto en mis manos?

# XIV

A mediados de diciembre del año 1952, salimos a celebrar una velada navideña todos los miembros de la Academia de Medicina de Richmond. De regreso a casa, aquella noche me senté al lado de la chimenea, hojeando un ejemplar de la revista Life. El número de diciembre estaba lleno de publicidad, anunciando nuevas marcas de pavos y jamones, con "Papás Noeles" vestidos de vivos colores en cada página, que iba pasando sin dedicarles mucho interés, pero de pronto pareció como si mis dedos se agarrotaran.

A toda página, vi el dibujo de una instalación gigante en forma de esfera seccionada, de manera que podía verse el montaje de su interior, lleno de maquinaria y de aparatos diversos. Había también una especie de grúa montada sobre unos carriles de acero, turbinas, un tanque circular, escaleras, pasillos y en un rincón, una habitación con los cuadros de mando.

Lo que me puso el corazón en la garganta, no fue aquella estructura futurística y los sofisticados aparatos, sino la certeza de que yo había visto aquello en alguna parte. De ello hacía tiempo, seguramente algunos años. No lo había visto dibujado, sino en la realidad. Todo era igual, en su exterior y en su interior; efectivamente identifiqué una de las escaleras y desde uno de los pasillos miré en el interior del enorme aparato.

Pero... ¡Aquello no era posible! Leyendo por encima el texto, vi lo que aparentemente era imposible:

"La semana pasada, la Comisión de Energía Atómica levantó parcialmente el velo para descubrir el secreto a los artistas de Life, quienes hicieron este dibujo captando algunos detalles del prototipo del segundo submarino atómico fabricado en Estados Unidos y del hangar donde se está montando. Este extraño taller se está construyendo actualmente, cerca de Schenectady, N. Y., será la mayor esfera jamás construida por el hombre. Su valor es de unos dos millones de dólares y el grosor de las paredes es de 25 pulgadas de acero."

El artículo continuaba diciendo que para evitar posibles radioactividades y contaminaciones, los científicos construirían la maquinaria del submarino dentro de esa descomunal esfera, y luego sería sumergido en el tanque gigante para efectuar las pruebas necesarias. Casi inmóvil dejé caer la revista sobre mis rodillas. Estaba tan seguro de haber visto aquella operación con mis propios ojos, sin embargo, yo nunca había estado en Schenectady. De todas maneras, lo que podía recordar ya hacía tiempo que había sucedido y la revista decía que se estaba construyendo en aquellos días. Lo que yo vi estaba terminado y ya funcionaba, si bien no tenía idea del lugar donde...

De pronto pude recordar. Fue en aquel tranquilo lugar, habitado por seres que vestían como unos monjes con largas túnicas; lo contemplé en 1943, cuando me hallé fuera de mi cuerpo físico, allí vi aquella descomunal esfera y caminé por dentro de sus intrincados pasillos...

¿Qué era aquel lugar? ¿Qué misterio relacionaba aquella visión con el momento actual? Yo lo vi nueve años antes de que existiera, tan cierto como ahora estaba oyendo a Marguerite, hablando por teléfono en la otra habitación o contemplaba las tarjetas de Navidad colgando del árbol iluminado. ¿Qué tenía que ver una cosa con la otra? Me pregunté si los filósofos estarían en lo cierto, cuando afirman que las ideas tienen vida propia y que existen en varios lugares a la vez, por encima del tiempo y del espacio. En ocasiones he llegado a preocuparme en exceso de los fenómenos extraterrenales. Ahora desde que Cristo era mi guía, nada me preocupaba.

Durante los nueve años que siguieron a mi experiencia fuera del cuerpo, tuve conversaciones con varias personas, fascinadas por este tipo de fenómenos pertenecientes al mundo del espíritu, pero en muchos de estos casos me di cuenta de que habían perdido la visión del mismo Espíritu, principio de la vida material y espiritual.

De lo que estaba bien seguro aquella noche, mientras me hallaba hojeando aquella revista en el salón, es que había llegado para mí el momento de dar a conocer públicamente mi encuentro con Cristo. Estamos entrando en una era de desarrollo del poder atómico, ignorando el poder que lo ha creado, puede que solamente nos queden unas décadas hasta llegar el momento de nuestra autodestrucción, terminando así nuestra propia existencia como seres humanos en la tierra. No es suficiente que los profesionales de la predicación hablen de Dios; estoy convencido de que cada persona que ha tenido una experiencia con Dios, ha quedado responsabilizada ante el resto del mundo que no lo conoce.

No es indispensable estudiar teología para hablar de Dios a los demás. Yo soy el ejemplo de la persona que no era capaz de hilvanar dos palabras en público, sin embargo, ahora me encuentro tan feliz cuando puedo dirigirme a grupos de juventud, a sociedades de adultos, en iglesias y en cualquier ocasión donde Dios me permita dar testimonio de su verdad y de su amor.

Desde el punto de vista profesional, estaba seguro que no me reportaría beneficio alguno. Efectivamente, he perdido a muchos potenciales pacientes, quienes no se han querido arriesgar poniéndose en manos de un "fanático religioso". Por otra parte, fui mejor recibido –en ocasiones– por quienes sospeché se burlarían de mi manera de pensar.

Cuando solicité plaza en el hospital Psiquiátrico de la Universidad de Virginia, fui aconsejado por un buen amigo que no revelara mi experiencia, pues no tenía seguridad si sería negativo a la hora de valorar mis aptitudes profesionales. La primera persona destinada para hacerme una entrevista fue el Dr. Wilfred Abse, profesor de Psicoanálisis y Psicoterapia del Departamento de Psiquiatría y uno de los hombres más influyentes de la Sociedad de Psicoanálisis de Virginia.

Tan pronto como me senté delante de su despacho, el Dr. Abse comenzó la entrevista diciendo: – Muy bien Dr. Ritchie, tengo entendido que usted cree haber tenido un encuentro con Jesús.

Vi cómo las posibilidades de entrar en el hospital de Virginia, salían volando por las ventanas de su oficina. El Dr. Abse era judío, especialista en las teorías analíticas de Freud y acababa de hacerme una pregunta que ya no podía ser más directa y más concreta. Necesitaba una respuesta concreta. Conteniendo la respiración, como otras veces había hecho, pensé en Jesús: – Señor: ¿Qué digo ahora?

Si me niegas delante de este hombre –las palabras parecían audibles a mis oídos– te negaré delante de mi Padre.

Con naturalidad contesté al Dr. Abse:

– No puedo negar la realidad de lo que me sucedió en Barkeley, Texas, de la misma manera que Saulo de Tarso, no pudo negar lo que le pasó en el camino de Damasco.

Cuando salí de la entrevista, pensé que eran pocas o ningunas las esperanzas de poder obtener la plaza de psiquiatra en aquel hospital. Imagínense cual sería mi sorpresa, un par de semanas después, cuando recibí una carta comunicándome que había sido aceptado por unanimidad, después que el Consejo de Administración había estudiado mi solicitud.

Pasados unos años, cuando el Dr. Abse y yo nos hicimos buenos amigos, me confesó que, en realidad, aquella conversación fue decisiva en cuanto a la valoración de mi persona.

– Todos nosotros, en el hospital, sabíamos que tú habías asegurado haber tenido una experiencia extracorporal. Si por un solo momento hubieras pretendido esconderlo, en el momento de sostener el diálogo, te hubiera rechazado por demostrar tener una personalidad insegura o peor aún, por padecer desequilibrio emocional y no estar capacitado para diferenciar la realidad de la fantasía.

En mis consultas profesionales, naturalmente, manteniendo una línea de conducta ética, raramente menciono mis puntos de vista religiosos o doy mi opinión acerca de Dios. Solamente en casos de extrema necesidad, como el de Fred Owen, entro en este terreno.

– ¿Sabe usted por qué vengo a mi despacho más pronto cada mañana? –le pregunté a Fred un día, durante nuestro diálogo y discusión sobre mi experiencia en Texas–. Porque antes de que lleguen los demás médicos, me gusta orar por todos los pacientes que tengo en la lista del día. Creo que Jesús tiene su propia agenda de trabajo acerca de lo que nosotros hemos de llevar a cabo, y yo le pido su ayuda para que pueda trabajar y ayudar a los enfermos, de acuerdo con la tarea que me tenga asignada para cada día.

Si Jesús tiene para Fred Owen solamente unas semanas de vida en la Tierra, en vez de unas decenas de años, es porque "Él sabe que tú puedes terminar tu misión en estos pocos días. Tú puedes perdonar y recibir el perdón. Tú tienes tiempo para librarte de prejuicios y de fuerzas atenazantes, tienes tiempo de librarte de todas las cargas y bagajes que no te interese arrastrar en el reino de la Luz".

Ignoro hasta qué punto mis observaciones penetraron en el ser de mi amigo Fred; la psiquiatría tiene sus límites y depende mucho de la predisposición del paciente para confiar en su médico. No soy quién para afirmar hasta qué punto cambió aquel hombre que entró por primera vez en mi consulta el día 9 de mayo del 1977 y lo recibí por última vez en diciembre del mismo año. Físicamente estaba mucho más débil, naturalmente. Últimamente venía acompañado de un vecino suyo y durante toda la consulta tenía que estar tendido en un sofá. Pero las cosas que podía decirme, entre respiro y respiro –no sin mucha dificultad– incluso con cierto humor, así como la paz que podía leerse en sus ojos, me llenaron de gozo.

Fred había estado luchando con su último empresario, para lograr el abono de las facturas del hospital y otros gastos médicos, yo mismo le había llenado numerosos documentos, tratando de ayudarlo. Aquella misma semana recibió el fallo, con una notificación diciendo que no tenía derecho alguno, con motivo de haber dejado el empleo sin previo aviso.

– Pues sí –me dijo resignadamente–. Tienen razón, dejé la empresa sin previo aviso porque estaba loco y lo que quería era crearles problemas y ahora me he quedado solo, con los problemas de los cuales yo mismo soy responsable.

Irrumpió con una risa, pero un golpe de tos impidió que la prolongara mucho, a pesar de todo era una risa auténtica, expresiva de una vida sosegada, una risa salida del corazón, sin mezcla de amargura. Es como aquello que leímos el otro día, ¿verdad doctor? Todo aquello que sembrares, eso también segarás. Si he sido capaz de aprender la lección, puedo decir que la factura de mi tratamiento no ha resultado muy cara.

– ¿Sabe usted lo que hago ahora, cuando me encuentro que no puedo dormir por las noches? –continuó con tono festivo–. Ruego a Dios por los compañeros de la empresa, para que les vaya bien en los negocios y puedan tener tantos beneficios que no sepan qué hacer con tanto dinero.

Nadie puede especular con la experiencia ajena más allá de la tumba, pero cuando su vecino me llamó por teléfono, comunicándome que finalmente Fred Owen había fallecido, no pude menos que imaginarme un momento de feliz transición. La maravillosa Luz... el gozo del ser humano que ha llegado a cumplir con el encargo de su Señor.

Dios está creando una raza de hombres que sepan amar. Creo que la suerte de este mundo, depende de los éxitos que logren estos hombres y el tiempo que queda es muy breve.

En cuanto a lo que podamos esperar en el mundo venidero, también estoy convencido de que tendremos oportunidad de poder comprobar que depende, en gran manera, de cómo hayamos sabido aplicar el amor a los demás, aquí y ahora.